次世代を動かす「感動スイッチ」

―1秒で人は変わる―

オータパブリケイションズ

目次

はじめに

ずっと、〝人は変わることが出来ない〟と信じていました。かつての私は、どの人を見ても羨ましく、人と比べては、「あの人は特別な才能をもっている人なんだ。」「自分とは違うんだ。」と言い聞かせ、自分自身を納得させていました。自分に言い訳をして慰めていたのです。「そんな自分に明るい未来なんて来るわけない。」と、挫折を繰り返すたびに、「自分は何て不幸なんだ。」「私なんてどうせ。」が口癖の毎日を送っていました。

そんな挫折もありがたいことだったと気づいたのは、人生を半ばにしたころでしょうか。〝失敗も苦難もなんてありがたい経験〟と思えたとき、毎日が変わったのです。自分の心が変われば、目の前に広がる景色が変わることを、身をもって体験しました。

大きな壁にぶちあたり、挫折を繰り返すたびに、気がつけば新しい人生が広がっていたこと、実はそれにはある法則があったことに気づきます。人との出会い、気づきがもたらす、その法則を、〝今、目の前にいる若者たちに伝えられたら〟〝ひょっとしたら、私の苦しみの経験も彼らの役に立つかもしれない〟と思えた瞬間、それこそどんな経験も大切なことだと改めて腑に落ちたのです。

かつて私は採用側にいました。新入社員に対して、どんな教育を受けて来たのかと、ときには憤りを感じたこともありました。それは、目の前の若者を理解する前に、一瞬で判断を下し、ひょっとしたら、やがて花咲く芽を摘んでいたのかもしれません。社会に送り出す側の立場に立ったとき、それぞれの可能性の活かし方、そのタイミングがあることに気づかされました。

私の経験が、学生たちの成長が、今、まさに社会に出ようとしている人に、社会人になって間もない人を教育する立場の人に、時代を超えて若者の考えや行動の理解に首をかしげる人に、何かのきっかけになることができたならうれしいかぎりです。

第一章　大胆な臆病者の挑戦

1　私の人生に影響を与えた3人の師との出会い

私の人生を大きく変えた出会いがあります。心の師であり、今でも勇気を奮い立たせてくれる存在、笑福亭鶴瓶さん、中村文昭さん、尾崎里美さんの3人です。

笑福亭鶴瓶さんはご存じの通りお茶の間の人気者である落語家であり、お芝居の世界でも活躍なさっている方です。中村文昭さんはご縁を大切にすることで人生が変わることを提唱し続けている方。年間300回を超える講演をなさっています。そして尾崎里美さんは「お笑いセラピスト」として難しい心理学をいとも分かりやすく笑いで伝え、誰もが子どものようにピュアに楽しめること、無限の可能性があること、その気づきを伝え続けていらっしゃいます。この3人の出会いにより、今の私があるのです。

『笑福亭鶴瓶さん』

ラジオDJやCMナレーション、婚礼司会者、ブライダル企業のマネジメント、そして大学の教壇に。いつもすてきな仲間や学生に囲まれて、楽しく生き生きと日々を送っている自分の姿は子どものころには想像できないことでした。というのは、私は幼いころから自己肯定感が低く人見知りで恥ずかしがり屋、すぐに赤面してしまう極端におとなしい子どもだったからです。

人前で話すことなどできるわけがなく、周りからも「おとなしい」という印象以外なかったように思います。

その頃、多くの家庭では稼ぎ頭の男は強く、女は一歩下がれという教えでした。母はいつも気配り、目配りをしてさりげなく父や子どもたちをサポートしていました。父からも家庭的に生きることが一番という教育をされていました。

私は両親が大好きでしたから叱られたくなかったこともあったのでしょう、父の教えを反発することなく守り、母の所作を見て女としてのあるべき姿を自然と学んでいたように思います。常に父の目線を見ていました。父の目線の先には何があるのか。お茶か灰皿か、何をしたいのか？　など、父が望んでいることを先読みして行動していました。日常から「察する」ということを学んでいたのです。父の教えである、おとなしく、しとやかで、家庭的で面倒見のいい女性になるべく過ごしていました。

小学校時代は、私の声を聞いた人は何人いたでしょうか。そんな引っ込み思案の自分の中に芽生えた、〝私も劇にでてみたい〟という思い。小学校5年生のときでしたが、瞬時に〝私にできるわけがない〟と自己否定してしまいました。今思えば、自己否定というより劇に出演したら父はどう思うのか？　を考えていたのでしょう。出過ぎたことはご法度でしたから劇の舞台に立つことに対して父は許してくれないのではと考えてしまったのかもしれません。

私の意思は、親の言うとおり、親が喜ぶために生きてきたのです。

進路においても親が許してくれそうな小学校の先生になりたいと、初めて自分の意志を持ち、教員採用試験を受けましたが、見事に落ちてしまいました。

挫折、絶望、やっぱり私なんてという自己否定。どうせ無理という言葉が渦巻く中でふと、本当に学校の先生になりたいのか？　と自分の心に問いかけてみると「NO」だったのです。

〝本当はラジオのＤＪになりたい〟という自分の心の声を聞き自分が一番驚きました。人前でしゃべる？　そんなこと私にできるわけがない。親が反対するに決まっている。例の、だって、どうせ、私なんて、です。

その頃、心の支えだったのがラジオ大阪で放送されていた深夜番組「鶴瓶・新野のぬかるみの世界」でした。高校生のころから聞いていました。毎週日曜日午前零時から2時間半放送されていたものです。パーソナリティは笑福亭鶴瓶さんと放送作家の新野新さん。世間話をエンターテインメントの域にまで高めたもので、次から次へと流行語を生みだした番組です。面白くて、面白くて、悩んでいることも忘れさせてくれる番組、毎週欠かさず聴き、また毎回放送終了後には録音したものをもう一度聴いているほどでした。

そんなとき、阪急電車の中で鶴瓶さんの姿を見かけたのです。声を掛けたかったのですが、それは私にとっては至難の技、ドクンドクンと心臓の音を感じながら結局、声を掛けることができませんでした。悶々とした日々を過ごし、思い切って番組に手紙を書いて送ったのです。夢を見つけたと思って臨んだ教員採用試験に落ちてしまい絶望の中にいること、そんなときふと、ラジオのＤＪになりたいと思ったこと。「でも私にとっては夢のまた夢です。」と。すると、鶴瓶さん直筆の『夢は叶うよ』というハガキが届いたのです。まさか、本人から返事が届くとは思ってもいませんでしたので、とても驚きました。

嬉しくて、嬉しくて、飛び上がりたくなる気持ちでお礼をこめてもう一度手紙を書きました。お礼のはずのその文面は、いつしかまた、私なんて、の文面に。さらに「鶴瓶さんはその世界にいらっしゃるから簡単に言ってくださるのだろうけれど、神戸の片田舎に住んでいる私にとってどうしていいか分かるはずもなく・・・。」と後ろ向きＭＡＸな言葉を綴り続けていました。それでもまたお返事を下さったのです。

「本当にやりたいの？」と。「方法はあるはずだよ。」と。

その一言が私に勇気を与えてくれたのです。親のために生きることを喜びとするのではなく、自分の喜びのために生きてみようというスイッチが入った瞬間だったのです。

早速、ご紹介いただいた大阪のアナウンススクールのレッスンに通いました。というのは高校2年生のとき、スクールバスでバスガイドさんの物真似をして、周りから面白いとほめられたことがあり、次にバスに乗ったときにドライバーさんが「はい。」と笑顔でマイクを差出してくれたことがあったのです。その経験は、認められた喜び、自分自身が自分を認めた瞬間でもありました。そのときからお喋りを生かした仕事をしてみたいと思い始めていたのかもしれません。

アナウンススクールでは早口言葉や滑舌を良くするためのレッスンなどがありました。中でも「外郎売り（ういろううり）」は3章からなる長文でしたが、ある日のレッスンで、次までに目を通してくるという宿題が出されました。私はレッスンが楽しくて、楽しくて、どんな課題も面白くて、楽しくて、原稿を常に持ち歩き、お風呂の中にまで持って入るほど、ずっと練習していたものですから、気づけば暗記してしまっていたのです。

＊出だし

拙者親方と申すは、お立会いの中に、御存知のお方も御座りましょうが、
お江戸を発って二十里上方、相州小田原一色町をお過ぎなされて、
青物町を登りへおいでなさるれば、欄干橋虎屋藤衛門、
只今は剃髪致して、円斎となのりまする。

＊結び

羽目はずして今日お出でのいずれ様に、
上げねばならぬ、売らねばならぬと息せい引っぱり、
東方世界の薬の元締め、薬師如来も照覧あれと、
ホホ敬って、ういろうは、いらっしゃりませぬか。

引用　「外郎売のせりふ」より

次のレッスンでみんなと一緒に課題を朗読していると、講師の先生が私を見ました。次にマネージャーを呼んで、私を指差し「彼女に仕事をあげて。」と言われたのです。

レッスン生の私。戸惑うマネージャーと私に、先生は「だってあなた暗記しているでしょ。」と。目を通してきてという課題を、暗記してきたことに驚かれたようで、結果、ラジオの仕事をいただくことができ、夢の一歩を踏みだすことになったのです。

私にとって課題は、「やらなければならないこと」ではなく、「やりたいこと」になっていたのです。仕事をもらうために暗記したのではなく、楽しんでやっていたことが仕事につながったのです。

誰よりも早く、きっかけをくださった鶴瓶さんに報告がしたくて、あのとき、夢を応援してくださったから今があることのお礼を伝えたくて、自分にとって一度も経験したことがない、セーターを編むことにしました。それも苦手な模様に挑戦。無我夢中、気合ですね。一晩で仕上げ、報告とともに持参しました。もう渡せただけで満足、受け取って貰えただけで有難い、自己満足です。ひどいできあがりでしたから捨ててもらっても大丈夫！　と思えるほどの達成感でした。それなのにどうでしょう。当時は大阪でご活躍の鶴瓶さん、なんと翌日から1週間、全部の番組にそのセーターを着て出てくださったのです。感動で震えました。捨ててもらってもいいと思えたセーターを着て下さっている。この方は、なんという喜びを与える人なんだろうと。私もこんな人になりたい！　と心から思った20歳過ぎのころの話です。

当時、学園祭によく出演なさっていたので、追っかけのように聴きに行っていました。さすがのトークで、お腹がよじれるくらいの笑いの連続でしたが、どうして鶴瓶さんの周りにはこんなに面白いことばかりが起こるんだろうと不思議に思っていました。今は理解できます。どんな視点で生きているかで、どんな出来事も面白くあることに気づきました。

鶴瓶さんに結婚の報告に行ったときのことです。「招待状を送って。」と言ってくださり、送るとすぐに、「欠席」と返事が返ってきました。そりゃそうだろうなぁと思っていたところ、なんと披露宴当日、サプライズで来てくださったのです。面白いスピーチで、会場中を笑いの渦に巻き込み、花嫁より大きな拍手を受けていらっしゃいました（笑）。

鶴瓶さんは、時折『まだまだやるよ。挑戦していくよ。頑張っている姿をみたら、励みになるやろう?』という言葉をくださいます。

常にチャレンジを続けるお姿に、勇気と元気をいただいています。

40年近いお付き合いをいただいていますが、こんなにBIGな存在であっても、出会った頃とまったく変わらないお人柄に改めてすごさを感じています。本当に誰にでも心優しく、度量のあるステキな方です。

『中村文昭さん』

中村文昭さんとの出会いは15年ほど前のことです。『人のご縁ででっかく生きろ。なんのためにやるのか。』人間力をテーマに講演活動を行なっています。

きっかけは当時、三重県伊勢市でブライダルのできるレストラン「クロフネ」を開店され、離婚率0.2％の魔法の結婚式を作り上げていました。私もブライダルの仕事に携わっていましたので、とても興味がありました。そんなとき、文昭さんのお母様と会える企画があり、〝どんな育てられ方をされたらこんな素敵な人間力がつくのか、みてみたい〟と参加したのです。

その後、文昭さんの講演会が開催されることを知れば、何度もいろんな会場に駆けつけました。ご自身の経験を面白くおかしく語り、惹きつけるその間と話し方はとても魅力的で、すっかりファンになりました。まさに「究極の人ったらし」といわれるその存在は絶大、素晴らしい人間力の方です。

当時、がむしゃらに生きていたつもりの私の口癖は、「時間がない。」でした。一生懸命生きていたつもりの私は、できない理由をこれでもかと並べ、言い訳していた気がします。

文昭さんと出会ったことにより口癖が変わったのです。「なんのためにやるのか。」と。常になんのためにやるのかを問うことで、自分がどうなりたいのか、どうありたいのかが見えてきます。そしてどう動くかです。

中村文昭の「**4つの鉄板ルール**」という有名な言葉があります。

一・返事は0.2秒

一．頼まれ事は試され事

一．出来ない理由は言わない

一．そのうちと言わず今出来ることをやる

つまり人の世のためにお役に立ちたいと願い、この一瞬をどう生きるか。人との出会いご縁を大切に、人を喜ばせることで自分も幸せになれること、周りの人たちも笑顔があふれることにより、どんな時代でも心豊かに幸せになれること。まさに学力ではなく人間力が大切であることを学びました。

文昭さんのお母様は、常に「お前は天才や！」と誉めて育てたと言われています。学校から帰ってきたら、「どうやった？」と話をしっかり聞きほめるそうです。そうすることより、ほかの人が壁にぶち当たるその壁も「俺はできる！」と確信しているので越えることが出来るのです。

出来ない理由が見当たらないのかもしれません。もちろん、叱ることもあるでしょうが、子どもであっても人として尊重することを忘れなかったのです。

文昭さんの子育てもとても素晴らしく、自立できる子どもになるために真剣に向き合っています。3人の息子さんが15歳になったら、300万円渡し、以降、どういう生き方をするのか、自分たちで考えて自分の道を拓いていくことを実践しています。「何のために」この言葉にも人との縁を大切にすること、喜ばれることをやること、という幸せに生きていくための人間学の本髄が隠されています。

ニュージランドへ留学した長男はトライアスロンの選手になることを決意されたようです。学校へ行く前に早朝5時から5千メートル泳ぎ、15キロ走ることを毎日毎日、欠かさず行ない、筋肉痛大好き。それは自分に新しい筋肉が生まれているからとか。『僕の声聞いてる、絶対やれる、続けられる』と赤血球と会話をしていたそうです。

初めての環境の中でも、父である文昭さんの4つの鉄板ルールを実践し、持ち前の性格から留学中も、国は違えども、たくさんの友達に囲まれ、その親御さんからも可愛がられていたようです。人に喜ばれているうちに自然とつながり、幸せな環境を作り上げていたのです。

オリンピックを目指すということを、電話で伝えたとき、「お前なら出来ると思う。」という父の言葉に、号泣したそうです。それはいつも見守り応援し続けてくれるその存在に対する感謝の気持ちの表れだったのです。

次男は苦手だった英語を克服し、４カ月で英語の15分間の英語のスピーチができるようになったそうです。夏休みで帰省したときにはキャベツの千切りも一切残さずお弁当が食べられるようになり、洗面台、お風呂場もピカピカにして学校のある鹿児島へ帰ったそうです。

自ら将来の道を見出し、そしてそれに向かってさまざまなご縁に感謝しながら成長し、目標達成に向けてひたむきにがんばっている姿は周りの人たちにも感動を与えます。

親や先生から言われて勉強するよりも、自分の意志で勉強したい、成長したいと思わせる子育ては、まさにこれから不可欠です。「おまえならできる！」子どもを信じること。

そして未来を想像し創造できる合言葉「何のために」は、学生指導の教育現場でも使わせていただいています。というより、すっかり私の口癖になっているようです。

『尾﨑里美さん』

当時私は、ブライダル企業の店長として、店舗のマネジメントに携わっていました。売り上げや利益のために、また、社員教育に会議にと飛び回る毎日でした。

仕事大好き、ウエディング大好き人間としては、それはそれで楽しかったのですが、いつも〝やらなければならない！〟という思考に追いかけられていましたし、部下にも〝次に何をしなければならないか〟ということを常に考えさせていたのです。

誰に何を誘われても仕事第一、「そんな時間ない。」と断っていた私に、ある日懲りずに、友人が言ってくれた、「神戸の北野に面白い人がいるけどいかない？」という言葉に反応し、生まれて始めてセミナーというものに参加しました。2009年4月のことでした。

初めて聴いた、イメージトレーニングを伝える尾﨑トーク。分かりやすさと爆笑の連続。衝撃でした。一瞬にして魅せられました。

「私もこんな人になる！」と迷わず弟子入り。私の新しい人生が始まった運命の瞬間です。

実は30年間、ブライダルに携わるものとして「土日に休むなんてもってのほか」と、子どもの運動会や音楽会、入学式や卒業式よりも仕事を優先してきた私だったのですが、一瞬にして、土日に休みをとってセミナーに通う選択。1ミリの迷いもなかったことに、自分でも驚きました。

それまでは、上司たるもの一年365日仕事のことを考え、〝部下よりも数倍は働かなければならない〟と思い込み、誰よりも遅くまで残業をし、「ねばならない」のかたまり人間、ホスピタリティを重んじるあまり、どこかで心無い接客と感じると、自分なりの正義感からとことん相手に向き合う、少々面倒くさい人間だったと思います。
・サービス業たるもの、お客さま第一、決して、不快な思いはさせてはいけない。
・電話では、より細やかな対応を心がけ、お客さまを不愉快にさせてはいけない。

言葉使いはこうあるべき、態度はこうあるべき、お客さまのために、「こうならないように・・・。」と転ばぬ先の杖が大事だと思っていましたが、まさにそれがイメージ通りだったと気づかせてくれたのが尾崎先生でした。

「こうならないように。」と思えば思うほど、なりたくない方向にいってしまうことに気づかされたのです。否定語ではなく、肯定語で、ありたい自分をイメージしていくことで、頭の中は「畏《おそ》れ」ではなく「愛」を選択すると学んだのです。

お客さまの発注したものを急に思い出し、夜中にはっと飛び起きたりする強迫観念のようなものからも開放され、そのとき部下にも、すべての物事を「愛」を軸に捉えていこうと思えました。

『畏れではなく、愛を選択する』

『いつか幸せでなく、今幸せでええやん』

『やる気はいらん、その気だけ』

尾崎語録は心の開放を与え続けてくれています。その一言で私の生き方が変わったのです。『今を生きる。今を楽しむ。』という生き方です。

ほどなく、私は大学で教壇に立つことになります。実はそれも、師匠の元で学んだイメージのチカラの実践です。

私は短期大学卒業だったので、「もう一度大学に行き直したい。でも、これから子どもたちが大学に行く時期、そんなときにお金を払って行くのはなぁ。」とイメージングをしたら、なんと、大学から教員として来ないかというお誘いをいただいたのです。

私は、尾﨑先生から学んだ、イメージトレーニングを、物事の捉え方を、「できるためにどうするか」という気づきを、そして無限の可能性があることを学生たちに、伝えていこうと決めました。

「脂肪を希望に変える」と題し、イメージのチカラで、5カ月で20キロの減量をラクラク簡単に達成しました。「先生！　なぜ痩せたんですか?」という学生に「その気になったら出来るってこと、イメージのチカラを伝えたくて。」と言うと、学生も「納得！　出来る気がする。」といい始めました。

誰もが使えるイメージのチカラ、引きこもりの女子中学生が、高校に行くことができ生徒会長になったり、次の目標はハリウッドと海外留学に。思い通りのタイムで走ったり、試合で優勝、受験合格など、次々と実現していく子どもたち。

師匠の教えは、良いか悪いかではなく、やりたいかやりたくないか、ハートに従い、それはわくわくすることか、それは愛からの選択か、正しいまちがいより、楽しいかどうか。そしてその選択は、誰もが持っている無限の可能性が広がる選択か。常にそれを意識、いや、無意識にする『1秒で自分自身を変えることが出来る』楽々簡単な法則にほかなりません。

今なお、たくさんのことを吸収させていただいています。

男なら中村文昭、女なら尾崎里美、人なら笑福亭鶴瓶。

(三人の師との出会いに心から感謝をこめて)

2　石川夕起子のワーキングダイアリー

『司会者・プランナーからブライダル企業店長に』

ブライダルの司会と出会ったのは、ラジオＤＪをしていたころです。急きょピンチヒッターとして披露宴の司会をすることになりました。当時、夢であったラジオの番組を持たせていただいていましたが、収録スタジオでは、ブースの中の狭い空間で、マイクの向こうの聴取者の皆様に向かって喋るということを楽しんでいました。

そんなときに、披露宴のＭＣを体験し、その反応の臨場感に衝撃を受けました。当たり前のことですが、ひとこと、ひとことに返ってくる反応、表情、いただく笑顔に胸がいっぱいになったのです。お慶びの日に携わることが出来た幸せ、感謝と感動の空間にいることに胸が震えました。21歳のころです。

早く司会スキルを身につけたい、うまくなりたいと思い、東大阪の結婚式場で先輩の司会を見るために、ミキサーとして音響オペレーターに携わりました。一組2千300円の報酬でした。通うために、往復3千円はかかっていましたから、まさにギャラより高い交通費です。持ち出し期間が続きましたが、自分への先行投資、学ばせていただいていることに、不満はまったくなかった気がします。それよりも、自分が司会をして、お客さまの喜んでくださる笑顔ばかりが浮かんできて、嬉しくてたまりませんでした。ひたすら、音響オペレーターとして、一組の披露宴の中で、先輩がいかに心地よくMCができ、お客さまに喜んでいただけるかをずっと考えていました。

シーンに合わせた、先輩の好みのBGMを研究し、先輩によって違うタイミングで細やかに対応すると、先輩から、音響の指名をいただく事が増え、1日に3組の音響をこなすようになり、持ち出しもあっという間になくなりました。おまけに、先輩もいろいろ司会についてのアドバイスやコツを現場で伝授下さり、おかげで、ずいぶん早く、ウエディング司会者として、マイクを握ることになったのです。

当時は、男性司会が主流でしたから、私がご両家にごあいさつに行くと「え？女性？」とよく驚かれたものです。また、新郎新婦より明らかに年下の私が司会者として現れるわけですから、「お若いわね。おいくつ？」と、暗に、大丈夫なの？というニュアンスで尋ねられました。そんなときは、いつも「若くみられるんですが、そこそこいってるんです。聞かないでくださいね。」と笑いにしていました。当時の司会料は5千円程度。互助会の代理店から指名をいただくことが増え、多いときは月に25組の司会をしました。

あるとき、結婚式当日の司会前にごあいさつに行くと、花嫁が、「このドレス似合いますか?」と浮かない顔をされていました。その理由を聞くと、1着しか試着しないまま勧められ決めてしまったので不安だというのです。もちろん、とってもお似合いだったのですが、そのとき、晴れの日を、100%の喜びで迎える花嫁であってほしい、司会の出来るプランナーになりたいと思った瞬間でした。披露宴司会・プランナーとして携わった件数は4千組を超えます。

時は流れて2000年、所属していた司会事務所にウエディング店舗への業務提携依頼の話が来たのです。当時、海外ウエディングの先駆者として隆盛を期していたワタベウェディングとのご縁の始まりです。国内ウエディングのプロデュースが出来ることが必須でしたから、司会者ならできるだろうという社長の考えだったようです。

ところが、配属されたのは赤字店舗。それもいきなり店長としてのスタートでした。「生まれ変わったら何になりたい？」そのころ、学生時代の友人の問いかけに、なぜか「キャリアウーマン」と答えていた私の言葉が現実化した瞬間です。

会社勤めなどしたことがなかった私にとって、分からない言葉のオンパレード。店長会議に出席しても「進捗」という字が読めなかったり、「受注」「先行」の数字報告など目が点の状態でした。きっと他店の店長たちは、とんでもない人が入ってきたと焦っていたはずです。

何も分からない私が、計画数値を達成することがミッションと言われながら、このとき考えたことは、どうすれば楽しくできるか？　でした。お客さまはもちろんのこと、販売する側のスタッフが楽しくなければお客さまを喜ばせることはできないと、いろいろ考えました。

まずはお客さまに来ていただくために、店舗の存在をアピールしなければならないと思い、生演奏を呼び狭い店舗の中でイベントを企画しました。ところが、せっかく奏者に来ていただいたのに、客席はゼロ！　慌てて店の外に出てカップルに声を掛け何とか数組座っていただきました。

カップルは最初、勧誘されるのではと怪訝そうでしたが、勧誘はまったくないことを伝え、お茶を飲みながら癒しの時間を体験していただきたいと思い、ざっくばらんにお話をしていくうちに心が和んでいかれたのか、なんと「本当に勧誘しないんですね。してもらえませんか。」と言われたのです。このカップルが、当時、私たちが携わった完全オリジナルの結婚式、オートクチュールウェディング第1号のカップルとなりました。

またあるときは、店頭に置いたパンフレットに紐をつけ、手に取る瞬間に新しいパンフレットと名刺を持ち飛び出し、少しでも言葉が交わせるようにご縁がつながるように工夫しました。

ショーウィンドウにミニチュアドレスをたくさん飾って、人気ランキングを発表したり、仲間とともに楽しみながら、出来ることは何か、どうすればお客さまに喜んでいただけるか、と徹底的に可能性を探り行動しているうちに、自然とお客さまから「ここで働きたい。」というお声をいただくようになり、赤字の店は気がつけば1年で黒字になっていました。

次に任された2店舗目は、海外・国内挙式以外に、衣裳やスタジオもある大型店舗でした。またまたなぜか、最下位店舗を引き受けたわけですが、店舗評価イコール人事評価という必然的な空気の中で、その風潮を打破しようと、『楽しむ』を合言葉に取り組みました。

衣裳部門とスタジオ部門がギクシャクしたときは、店舗内で衣裳・スタジオ部門を作ったり、挙式部門と衣裳部門には、来店効果、利益率を伝え、それぞれが必要と助け合えるように、またユニークな試みとして、店舗オリジナルのウエディングドレスを衣裳スタッフみんなでデザインから作り上げました。

スタッフも自分たちのアイデアが実際のカタチになることで、仕事に対する意欲も湧いてきます。愛着あるデザインドレスを案内するスタッフの姿。結果、店一番の人気のドレスになり、翌年には全社に広がりました。また現場の声を聞き、制服の見直しも本社に進言しました。動きやすいユニフォームを望んでいたからです。

ときにはお支払いをする前に領収書を先に渡してしまったスタッフに対して、なぜいけないことなのかを説明し、自身でお客さまのところへ、お渡しした領収書を引き取りに行かせたこともあります。仕事や社会の厳しさをきちんと教えていくことがその人のためになるからです。周りからみたらおせっかいも多く、少々厳しいと思われるかもしれませんが、相手のことを思ってのこと。注意されたときは悔しく、めんどうと思っても、のちのち必ず役に立つことがあると信じていました。

社会人として、人として成長していくことで会社・お客さま・本人、皆が幸せになります。

幸せな明るいムードは自然と人を呼び込みます。結果的に店長1年目にして赤字から黒字に転換させることができた実績が認められ、5年後には神戸グランドプラザの店長に。翌年には三ノ宮店、神戸グランドプラザ店ともにトップ表彰へ導くことができました。他店からの見学も増えました。見学が増えるほどにますますスタッフは自信を持つことができました。売り上げ、利益ともに上昇スパイラルを描くことができたのです。

まちがいなく、しんどいことも楽しんだスタッフのチカラだったのです。

『導かれた大学教員への道』

2011年、関西国際大学人間科学部経営学科ブライダルコースの講師に就任しました。新学科の立ち上げでしたが、結果的には2018年3月まで7年間携わりました。

私は大学の仕事に関わるまでは企業人として新入社員を受け入れ、教育に携わってきました。もともと、将来、教員になることを目指してきましたので教えることについては抵抗がなかったのですが、気にかかることがあったのです。それはどうして夢と希望を抱いて就職したのにも関わらず、社会人として、専門分野を究めていく者としての基礎的な知識や技術を習得していないのかということだったのです。

私は新入社員を受け入れる側でしたので、〝一体、どういうことを学んできたの？〟と思わず言ってしまいたくなるほど、専門学校や大学時代の過ごし方や、学校側の教育内容に疑問を抱くこともしばしばでした。その疑問を解決するためにも大学からの招聘を受け、教壇に立つことを決意したのです。これまで歩んできた道があったからこそ、このような素晴らしい機会を与えてくれたのだと感謝しています。

大学ではさまざまなことにチャレンジしました。基本は変わりません。皆で楽しむことです。一般公募による結婚式のプロデュースや株主総会想定の運営報告会、障がいを持つ方々からのリクエストでその夢を叶えるドレスショー、オリジナルケーキのデザイン画をリアルケーキにしようと、他大学を巻き込み行なったウエディングケーキコンテストなど、学生たちがどんどんチャレンジしていきます。

インターンシップ先の開拓も積極的に行ない、受け入れ先との連携を図るようにしました。連携を図ることで特性を生かした仕事ができるとともに、成長していくための気づきを与えるチャンスを得ることができるからです。企業に放り投げるだけでは企業側にとっても迷惑な話ですし、学生の成長もありません。学生のことを良く知っている教員だからこそ、そこまでトコトン取り組むことが大切なことだと思います。

この7年間、なぜするのか、何のためにやるのか、文昭さんから学んだことを学生たちにも実践していた毎日でした。なぜ、いつも「なんで、なんで」と聞くのかを、学生たちに伝えたくて、文昭さんにも毎年大学にお越しいただきました。学生たちが文昭噺にバチバチとスイッチが入る音を聴くのがとても快感でした。人は変われるんだということを、確信しました。

導かれた大学の道は私にとってとても有意義な時間でした。それは世の中に学生を送り出す立場となり現代の若者たちと直面する中で、企業に受け入れられる人材育成の難しさを実感するとともに、無限の可能性を秘めた若者たちのスイッチが入るお手伝いができるのではないかということを、7年間の歳月を経て分かってきたような気がします。

それは個々の〝好き〟を見つけ出していくことだったのです。

2018年4月からは兵庫大学の客員教授として現代ビジネス学科でブライダルを伝えています。新天地で勤務するにあたり、新ためて次世代を担う若者たちに対する大人たちのかかわり方を考えてみました。豊かな生活環境の中で育っている若者たちに何を伝えることで、バーチャルからリアルな世界に目を向け、会社や社会で求められる、喜ばれる人間に育てていくことができるのかということです。

人を育てていくこと、人生のスイッチを入れていくことは容易なことではないかも知れません。しかし、まだまだ楽しい、明るい未来が待っている次世代たちに、将来に向けてその楽しさや幸せな自分が描けるよう、今もなお努めていきます。

第二章　次世代を動かす「感動スイッチ」

1 プロローグ

〝今の世代はゆとり世代。競争心もなく安定を求めている〟〝社会人として使えない〟など、日本の学校教育の変遷の中で成長してきた次世代をになう若者たちへの大人たちの声が、あらゆる職場で洩れ聞こえてきます。とはいえ、その声の根源である若者たちは日本の将来をになう重要な役目があり、大人たちの生活を支えてくれる重要な存在にあるのです。

だからこそ今、育った環境のちがいの壁を乗り越え、真剣に、真摯に次世代の育成をしていかなければならないときがきたのではないでしょうか。何より若者たちにどんなことも楽しめる人生を送って欲しいのです。

――学校生活や日常生活、そして社会人としてすぐに心が折れてしまう若者が増えています。最近はかつてでは信じられない残虐で凶悪な罪を犯し、自身の気持ちをコントロールしている未成年者もいます。そんな状況を多くの大人たちは傍観的に〝仕方がないな〟〝ゆとり世代だからな〟という理由で眼を背け、面と向かって指導、教育できていません。この状況を打破するためには、まずは若者の思考回路を大人たちがきちんと理解することが不可欠です。学生と触れ合う中で、若者たちの実状はいかがでしょうか。

石川　インターネットやSNSなど情報があふれています。分からないことがあればすぐに調べることができ、大半の回答は得られる時代になりました。以前のように電話しかなかったときに比べれば、分からないことをいちいち人に聞くという手間は不要となりました。大人たちから見ればとても便利な世の中になったと思うでしょう。ところが今の世代は生まれたときから今の状況ですから、大人たちが思っているほど現状を便利だととらえられません。むしろ情報があふれすぎて何を選択すべきなのか、信じるべきなのか、自身の問題解決をするためには非常に不便利さを感じています。とりあえずは無難な線を情報から見出して皆と同じスタイルを選択してみたり、個を持ちながらもどのように表現していいのか分からないまま、個を認められていないことに不満を感じ、心が折れたり、社会人になってもすぐに辞めてしまう若者もいます。

―そうですね。都市、地方問わず、光り輝いている若者は少ないような気がします。

石川 大人たちが〝ゆとり世代で競争心がない〟というレッテルを張りますが、自分たちがそうなりたくてその環境を選択したわけではありません。そう言われることに開き直ってしまう学生もいます。つまり、私たちが育ってきた環境とまったく異なることをご理解いただくことが、若者を育成するための一歩だと思います。そして一歩のハードルを乗り越えることの楽しさを自己体験により感じさせることです。バーチャルな世界ではなく自分で体験させる機会を多く持たせ、乗り越えさせることで自信が持てるようになり成長していきます。〝感動〟〝感謝〟〝けじめ〟こそが、若者を動かす「感動スイッチ」の基本なのです。

2 絶対に花嫁体験をしたくない

私は授業の一環として「花嫁体験」を取り入れています。将来、ウエディングプランナーを目指している学生にとってとても重要なことであり、ぐんと成長させる効果があるからです。おどろくほど成長した学生の事例をお話しいたします。

花嫁体験は大学1年生のときに行ないます。業界研究実習という体験型授業の一環ですのでブライダル業界を目指す学生は参加しなければなりません。ところが年々、〝花嫁体験をしたくない〟という学生が増えています。NOのサインがでるのです。それは和装の花嫁衣裳姿の自分が想像できなかったり、似合わないと決めつけたり、〝窮屈なかつらにしめつけられたくない〟など、何かの情報から得た言葉から勝手にそう思い込んでいるケースもあります。

そんな中、周りの人の目を気にし、何か言われたりしたらイヤだと言う学生がいました。おそらく過去に人前で何かをしたときに傷つくことを言われたのでしょう。それがトラウマとなり、〝花嫁体験をしたくない〟と完全拒否でしたので、花嫁体験をする意味を伝えました。私が大事にしている、目的と意図です。

「花嫁体験をすることは、花嫁さんの当日の気持ちや状況を理解すること。普段着慣れていない和装、しかも重い花嫁衣裳を着てかつらをかぶり、足元は草履《ぞうり》、それが分かると、〝時間がないから急いでください〟なんて言葉は出ないはずだし、知っているのと、知らないのとでは大きなちがいがあるはず。無理にとは言わないけど、プランナーになりたいと思うあなただからこその体験だと思う。」と伝えました。

当日、どうするか聞くと「やります。」とは言うものの気が進まない表情でした。

そして花嫁体験。プロのヘアメイク、衣裳着付けの方にお願いし、実際と同様に本格的に作り上げていきます。するとどうでしょう。花嫁体験が終わったとたんに表情が変わり、「私のためにこんなに大勢のプロの方が真剣にかかわっていただき感動しました。」と言ってきたのです。〝感動スイッチ〟が入った瞬間です。体験することでおもしろさや視野が広がることに気がついたのです。

花嫁体験以降、ウエディングプランナーのアルバイトも率先して行ない、そのほか苦手なことにも積極的にチャレンジするようになりました。自信にあふれ、その目はどんどんキラキラ輝いていきました。

あれほど人前に出ることを嫌がっていた学生が、大学ＰＲ用の大きな駅看板にモデルとして登場しているではありませんか。たった一つの体験、感動がこれだけ人間を変えたのです。消極的なことには理由があることをまずはご理解いただき、それでも体験させる後押しをすることが成長の一歩なのかもしれません。

3 警察官志望からブライダル業界へ

若者の感動スイッチは、実はいつ入るか分かりません。男子学生の話しです。ある店舗でブライダルフェアのモデルを探していました。男性モデルが欲しいという情報が舞い込んできたので、ある学生に声をかけました。

その学生は高校時代から野球部に入部し、大学では野球部の要、主務を務めていました。卒業後は警察官を目指していましたが、残念なことに、希望する地域の求人がその年なかったのです。やむなく、ゼミの先生は〝この子はサービス業に向いているのでは〟と、私のところへ送り込んできました。警察官を目指していましたから、まさかウエディングの道に進むとは思ってもいなかったと思います。私もはてさて、と思っていたところにモデル情報でしたから半信半疑で聞くと即座に「やる」というのです。新郎役のモデルとなりステージに立つことになったのです。

するとどうでしょう。翌日、私の研究室の前で目を輝かせて待っている彼がいました。

「先生、ウエディング業界を目指します！」と表情も生き生きして言うのです。これだけ多くの人がかかわり人生最高の舞台を作り上げているすばらしさをモデルという体験を通じて感じたと言うのです。ステージが終わった瞬間、まさに感動スイッチが入りました。

私はウエディング企業で勤めていましたから、企業側として学生たちの研修やファッションショーなどを行なっていましたが、まさか私たちが通常、当たり前に行なっていることが、こんなに感動を与えていたなんて気づきませんでした。若者にとっては当たり前のことが当たり前ではないのです。大切にされることに本当に感動したのでしょう。

実は彼は現役選手のとき、野球部の監督に呼ばれました。「主務をやらないか？」と。つまり即戦力から外れ、野球部の裏方で支えていかないかということなのです。野球部にいるからには選手としてマウンドに立ちたいと思うのは誰でもそうでしょう。

監督から聞かされた一言はとてもショックだったようです。辛い思い、自身との葛藤を乗り越え、彼は主務として野球部員、選手を支えていくことを決断しました。それから選手たちが気持ちよく、のびのび練習できるようマウンドや道具の整備など一生懸命に取り組んだと言います。マウンドに立てなくても応援しているときは選手と同じ気持ちで一緒に闘え、泣き笑いできたそうです。

この苦い経験を乗り越えたからこそ、〝誰かの役に立ちたい〟という思いが芽生え、モデルになったときにかかわる大人たちの姿を見て、自身の将来の姿に投影できたのだと思います。その熱い思いは6次の面接をパスし見事に希望するブライダル企業に就職できることになりました。みごと難関突破です。野球少年、警察官志望者がウエディング業界に。本当に若者の感動スイッチはいつ入るのか分からないことを実感しました。

4 人のしあわせ分からへん

「結婚式ってしあわせなことやろ。自分がしあわせか分からへんのに人のしあわせなんて喜ばれへん。」そうこぼしたのが公募して行なったキャンパスウエディングの結びの言葉をまかせた男子学生でした。彼はブライダルコースを選択していました。

この言葉を業界関係者が聞くと〝えっ、なんでブライダルコースにいるの？〟と思われるかもしれません。私も正直おどろきましたが、実際の挙式に立ち会った感想を自分の言葉で言えばいいんだということを伝えました。挙式後、どんなことを言うのかハラハラ、ドキドキでした。すると「最初は自分がしあわせか分からへんのに、人のしあわせは喜ばれへんと思っていました。でも式に立ち会い、これがしあわせなんだということがよく分かりました。」と言ったのです。

新郎新婦がお互いに信頼していること、炎天下の中、お孫さんを抱えて二人の門出を喜んでいる新婦の母親の姿、笑顔で祝福している友人たちの姿などを見て、しあわせの意味を理解することができたのです。この瞬間、カチッと感動スイッチが入ったのです。それからです。私の授業以外でも最前列で学ぶようになったのです。

実は結びの言葉はほかの人がいいという声もありましたが、1年終了間際のコース選択ときに、「ブライダルコースに入りたい。」というキラキラした目が記憶のどこかに残っていたのでしょう。彼に結びの言葉をやらせてみたいと思ったのです。

当初は、グラウンドの広い三木キャンパスで立ち上がったブライダルコース。三木キャンパスは野球、テニス、サッカーなど、まさにスポーツに打ち込んでいる学生が多数いました。彼も小さなときから野球選手にあこがれ白球を追っていたのです。プロ野球選手になって皆をよろこばせたいという気持ちは、結婚式を作り上げて皆をしあわせにしたいというプランナーの気持ちに通じる部分があります。

ほかの野球部の学生もブライダルコースを選択する者が多く、三木キャンパスでのブライダルコースは8割方がスポーツに打ち込んでいる男子でした。

そんなこともあり、まずはスポーツ少年が大好きな体を動かすことからしようと思い、キャンパス内でのホンモノのウエディングをやってみようと思ったのです。

今どきの子どもは能動的ではないという声を聞きますが、潜在的に持っている何かを引き出すきっかけを大人たちがもっと働きかけてあげることができれば、スイッチが入ることを、実体験を通じて感じました。ウエディングプランナーやウエディングの現場を見てみたい、インターンシップを通じて業界に触れてみたいという学生はまだまだ増えています。ウエディングプランナーの仕事はまさにあこがれの仕事なのです。

現在は尼崎キャンパスにブライダルコースはあり、ウエディング業界を希望する女子学生が多く入学してきています。最近は男子の数も増えてきました。

一つの行動でできる、できない、を判断するのではなく、できることを見いだして欲しいのです。大人たちが生き生きと働いている姿はきっと今の若者たちの心にも響きます。結婚式のことを分からない、しあわせがどういうものかが分からないのは年齢や生活環境の変化の中、ある意味、自然のことだと思います。それを前提に何かやる気の起こるチャンスを与え、ぜひ、ひと押ししてあげてほしいのです。

5 きっと誰かがやってくれる

〝きっと誰かがやってくれるだろう〟と他人任せの若者が増えています。授業ではそのような若者を〝フリーライダー〟と呼んでいます。職場でも協調性に欠けた人材が増えていることに頭を痛めている責任者や経営陣も多いことでしょう。

それは皆で何かをするという経験が少ないことから生じているに過ぎません。責任を持つこと、相手をおもいやること、自分たちで行なうことのすばらしさを体験することで、感動スイッチが入り、積極人間に変わることができるのです。

私は授業でよくグループワークを取り入れています。さまざまなテーマでメンバーもそのときごとに変えています。グループの人数は5人程度です。それぞれに役割分担を決め、それぞれに課せられた役割を遂行していきます。最初はなかなか協調性がなく、できない理由を並べます。ある意味、正直にできない理由を言ってはいるのですが、あくまでも自己都合に過ぎません。グループ内もギクシャクしてきます。

「アルバイトが忙しくてできませんでした。」など、当たり前のように主張します。そんなとき、「あなたが逆の立場だったらどう？」と問います。もし自分がまとめる立場でできない理由を言われたらどうなのか、相手の立場に自分を置き換えさせることにより、自分都合の理由はミッションを遂行し難くしていることに気づきます。

できなかったことに対して自分では悪気はないのです。ただ、相手のことを思いやることにまで及ばないことから、できない理由を正論化させてしまっているのです。相手の立場に立って物事を考えられるようになったとき、自分が『やらなくてはいけないこと』から『やりたいこと』に変わるのです。

〝あの人は言ってもやらないから〟と与えられたことをやらない者に対して見切ってしまうことがあります。やらないのかできないのかを知ることで、相手の状況や気持ちを知ることができたりもします。聞かれた方も自分自身のことを聞かれることで、現状を把握したり、自分も仲間の一人であり、チームのために役に立たなくてはという自覚が芽生えます。

〝あの子はできないから、どうせやらないから〟と見放さないでください。見放されることでますます自信を失ったり、わが道を歩き出したり、そのままフェイドアウトしてしまいます。自己肯定感の低さからも、もっと自分を理解してほしい、自分の状況を分かってほしいと思っています。大人の世界では、甘い考えと言われることです。

自分を理解して欲しければ、相手を理解すること。〝どうやったらできるのか？〟を考えさせること。できる方法を見つけだします。それが成長につながり、もっと人の役に立ちたいという気持ちが芽生え、自発的に後輩の指導もするようになるのです。

その気づきはグループワークを繰り返し行なうことで協調性と言う形で見えてきました。他人任せのフリーライダーも責任感を持って自身のやるべきことを見出せる人間に変わっていくのです。

6 将来に悩む子どもたち

子どもたちは自分の将来について真剣に悩んでいます。アルバイトや遊びに明け暮れ、勉強をあまりせずに過ごしている姿を見ると、きっと遊んでいるとしか思えない大人たちも多いことでしょう。自身を振り返っても「学生時代は楽しかった。」「毎日のように遊んでいた。」と、日本経済が発展している最中の良き時代に学生生活を送られた多くの方々にとっては、学生に戻りたいという声もあることでしょう。

ところが今は学生にとって楽観的に楽しめない環境に包まれています。卒業と同時に発生する学費の返済や、人材不足と言われながらも将来的に可能性のありそうな企業や安定的な収入を得られる企業や業態に人気が集中している状況にあります。先輩たちの就職状況や活動を目の当たりにする中で、自分はどうなるのかという不安に襲われています。

所属する経営学科では、興味あるどのコースで経営を学ぶのかということで、2年生の春に選択したコースの授業が始まります。どの道を目指していくのかを明確にしていく準備です。そんなとき、ある男子学生からLINE（ライン）メッセージが届きました。〝このまま勉強していて何になるのか？〟〝自分の将来はどうなるのか？〟という内容でした。コース選択をする中で、自分の進路に向き合い自分自身に対する自信を失っていたのです。

そんな悩みを抱えていたこともあり、授業も休みがちとなっていました。もう休みをとることもできない、単位も不足しこのままでは卒業すらできない状況に追い込まれていきます。頭の中は退学がよぎり、高校のときの担任の先生に「スポーツ整体に向いているのでは?」と言われた言葉がよみがえり、〝退学をして先生の言う整体でも学ぼうかなぁ〟という具合に、逃げの方向に向かいます。

自分のやりたいことが見つかり、目標を持って退学する学生は応援しますが、ただ現状から逃げたいだけの、意思が明確ではない学生はこのまま退学させてしまえば、どこへ行っても同じ繰り返しになるかも知れません。何とかフォローできればと思い、現状の出欠状況や単位取得状況でも卒業できる方法を探しました。その間、夜中にひんぱんにメールが届きます。本当に悩んでいるのです。ようやく何とかできる方法を見つけ出し〝可能性あるよ〟と伝えたのです。とことん向き合った結果です。

そして復活。ゲストハスウスのインターンシップへも積極的に行きました。するとどうでしょう。責任を持たされて仕事ができることの楽しさと自分でやり切れたことへの自信を持つことができたのです。このときカチッとスイッチが入ったのでしょう。

感動スイッチはほかの学生たちのリーダー役にまで成長させました。授業も自然と前の席に座り、いきいきとした毎日を過ごせるようになったのです。当然、私もその変化にたいして認めます。ほめられることでますますモチベーションが高くなり、最終的にはウエディング業界への就職は選択しませんでしたが、信用金庫に見事に就職も決まりました。

どんな状況でもあきらめないで下さい。何とかできる方法をともに向き合い考え、実践することで、こんなにも若者の行動は変わります。遊びたくて遊んでいるのではありません。将来に悩んで行き場のない自分に自信を失っているのです。それぞれに何かキラリと光る道があると私は信じています。

7 心が豊かになれた

一年に1回、4年生が1年生の前で自身の体験談や1年生へのアドバイスをするという機会を設けています。先輩たちの生の声は年齢的にも近いことから身近な存在として聞き入れやすく、自身が抱えている現状や将来への不安を解消する機会につながればという思いから実施しています。

4年生ですが1年生に顔見知りの多い学生がいました。それは何度も単位を落として1年生と同じ授業を受けていたからです。私も1年生からみればどう映っているのだろうか、と少し不安がありました。ところがその学生の話が1年生の心に最も響いたのです。

「いつの時代に勉強してもいい、1年生、2年生と出会えたことで心が豊かになった。」と言ったのです。その言葉が1年生の心に感動スイッチを入れました。

先輩・後輩に関しては不思議なもので、先輩からのアドバイスを求めると、なぜか先輩風を吹かしてしまい言葉遣いも「みんな分かってるか。」というような、まさに上から目線の言動が多くなります。ところが彼は違いました。

4年生にいたるまでにコース選択に悩み、ブライダルコースを選択したものの、なかなか認められないという日々を送っていました。悩む中で単位も落とし、何度も何度も1年生、2年生と同じ授業を受けることになったのです。その中で得たものは〝こうあるべきということはない〟ということだったのです。

単位取得という点で、1年生までにこの部分を修得し、2年生にはこれを修得し…という具合に、こうしなければならないという固定観念が生じてしまいます。こうならなければならないと思うほど、なれない自分に対して劣等感を感じたり、疎外感を感じたりして心が折れてしまいます。

ところが〝こうあるべき〟というタガを外すことで、〝1年と同じものを学ぶときがきたから学んでいる〟という具合に、無理をすることなく自然と学べることを自身で気づき、作り上げてきたのです。

そうなれた自分の背景には1年生、2年生との触れ合いや会話があったのです。もし、ほかの4年生同様に先輩面して1年生の授業に臨んでいたらどんなに苦しかったことでしょう。そうではない、先輩ではなく1年生として皆で一緒に勉強する、そのためには皆同じ人間であり、人間としてコミュニケーションをとることの大切さを自然と学んだのです。その結果「心が豊かになれた。」という言葉となったのです。

最近の子どもたちはコミュニケーションが苦手と言われています。その背景には〝こうあるべき〟という規制がそうさせているのかもしれません。だからついつい年齢や経験値で先輩面をしてしまいます。企業で言うトップダウン的な感覚でアドバイスしてしまうのです。

彼のスピーチを聞き、トップダウンでは感動を与えないこと、コントロールできないことを、改めて私自身学びを得た瞬間でもありました。

こうあるべきという教育規制の中で育った若者たちの教育環境へご理解いただくとともに、改善させるためにも先輩後輩の交流ができる場面を増やし、同じ人間として生きていること、皆で協調することにより心の充実感を得られることを実感できる場面を作り上げてほしいですね。

8 自分さえよければ

高校時代、応援団などでも活躍していた女子学生がいました。きっと高校時代はとても活発で多くの友だちに恵まれていたことでしょう。もちろん、大学に進学してからも高校時代同様、高校時代とはとちがう新たな友だちとの出会いや、大学でも大勢の友だちを作って楽しみたいと心躍らせていました。

ところが心許せそうな友人が出来たと思ったときその人から、「友だちといってもお互いにつかず離れずの関係でいましょう。」と言われてしまったと言うのです。意気揚々とした気持ちは消え一変、〝大学生の友だち関係ってそんなものか〟と思い込んでしまったのです。素直と言えば素直ですが、今ごろは自分だけが目立つことを敬遠する学生が多いので、〝郷に入っては郷に従え〟という感じでイキイキ活発だった学生も、その友だちの一言に感化され迎合し、いつしかとてもおとなしい子という印象に変化していきました。

2年生の夏、ブライダルコースでは実際の結婚式のプロデュースを実習として行なっていました。まだ結婚式を挙げていない、また何らかの理由で結婚式を挙げられなかったカップルに学生たちのプロデュースにより結婚式を実現するという企画です。応募くださった中から新郎新婦となるご夫婦の選考から行ないます。なぜ、このカップルを選んだのかもきちんとした理由を掲げます。学生たちにとっては授業の一環ですが、お二人にとってはあこがれていた結婚式が実現できるのですから、生涯忘れることのできない一ページを刻むわけです。

学生のカラーもその年によって個性があります。6年続いたキャンパスウェディングですが、先輩のキャンパスウェディングを見て〝自分もやりたい！〟と入学した学生も多い中、周りのテンションに染まり、それが言い出せない学生もいます。

ある年、イベントなどに対して消極的な学年がありました。私はその学生たちに「あなたたちは授業の一環かもしれないけれど、お二人にとってはとても大切な記念日です。本当に結婚式をプロデュースしたいと思う者だけが携わってくればいい。人の役に立ちたい、一生懸命に取り組みたいという者だけでいい。例えそれが1人で2人でもいい。参加しなくても単位がなくなることはない。考える時間を2、3日提供するので、本当にその気持ちがある者だけ、連絡をほしい。」と告げたのです。

すぐに〝参加したい〟という意志を表明する学生が一人、二人と。すると、中には本心は別としてみんながするならと参加すると言う学生もいました。結果的には全員参加となったのです。この状況を見ても皆と同調、迎合することで自分を守っている今の世代の性質をうかがえることができました。

全員参加ということで役割分担を決め、結婚式プロデュースの準備にかかり、当日を迎え、本当に素晴らしい結婚式を作り上げることができました。そして結婚式終了後、個々の意見や感想を聞いたのです。「とても感動しました。」と、どの学生も似たような感想です。

ところがおとなしくなってしまった彼女がこう言い出したのです。「先生、私はこれまでまちがっていたことに気づきました。今回のプロデュースでも自分に責任を負わされた部分をこなせばいいと思っていました。自分さえ良ければと。でも結婚式のプロデュースを通じて、それぞれの役割があって1つの結婚式が成り立っていることが分かりました。」と涙をこらえながら言ったのです。

彼女はしっかりと自分と向き合い自己開示することができたのです。まさに人として成長するスイッチが入った瞬間でした。私こそが感動しました。「きっともっと成長するよ。」とその勇気をたたえました。自己開示をすることは今の若者にとって勇気あることなのです。その勇気をたたえ、人として成長していく姿を大人たちが見守っていかなければならないことを感じた瞬間でもありました。

9 でも、だけど

大学2年生の女の子のことです。その子の成長を思ってアドバイスをするのですが、〝でも〟〝だけど〟とできない理由を並べた否定的な回答が必ず返ってきます。素直に受け止めて行動に移すことができないのです。ほかの先生たちに聞いても「いつも否定的な文句が返ってくるので教えたいと思った気持ちも萎えてしまう。」という声が聞こえていました。

その彼女があるとき、プレゼンテーションの代表に選ばれました。パワーポイントを使ってプレゼンをしなければなりません。パワーポイントの資料作成にあたり「もっと聴いている人に分かりやすくするにはどうしたらいいと思う？」と尋ねると、いつも通りの回答が返ってきました。「でも、だけど…」「先生だからできるけど。」と。これでは前に進みません。

そんな彼女ですが1年間の目標として規範を遵守し、意見交換を行なえる協調性を養うことを目標に掲げていました。もしかしたら、自身では自身が協調性に欠けていることを気づいていたのかもしれませんが、どのようにしたら良いのか分からないままでいたのかもしれません。

そこでプレゼンテーションに向けた準備のために、3日間みっちりパワーポイント作成に関わり彼女にこう言いました。

「あなたはとても笑顔がチャーミングで声もすてき。よりかがやくあなたのためにとしているアドバイスも否定的な言葉や態度でいたら、教える方もアドバイスをひかえたほうがいいかな？　と思ってしまうよ。まだ学生のうちだから先生たちが一生懸命に面倒をみてくれるけど、社会に出ても同じような対応をしていたら、教えてもらえない人になってしまうかもしれないよ。」と。

すると〝えっ？〟という反応でした。「パワーポイントを使って全力で取り組んだことが表現できたらいいと思わない？」という一言に対して、「はい。明日、よろしくお願いいたします。」という声が返ってきたのです。感動スイッチが入った瞬間です。彼女から前向きに「よろしくお願いします。」の声が返ってくるとは思っていませんでしたので、私自身感動しました。

実は本人は、自身が否定しているとは思っていなかったのです。おそらく生まれて20年間、それが当たり前になっていたのでしょう。習慣的に同調してもらえた環境に育ってきたからでしょう。〝でも〟〝だけど〟という言葉は彼女にとっては否定的な言葉ではなく、自分の意見ややりたいことを通すための言葉だったのかもしれません。周りも波風立てず、無難にと思っていたかも知れません。ひょっとして心の広い、受け止めてくれる人に包まれていたのかもしれません。結果、すべてのアドバイスに対しての反応が、あたりまえのように否定的な態度をとるようになってしまったのです。

最近の若者はすぐに「でも、だけど…」とまずは拒否をすることで自分を守っている気がします。ところが本人たちは大人たちや上司のアドバイスや注意に対して否定しているとは思っていないのです。〝あなたがより良くなるために…〟〝よりかがやくために…〟アドバイスしていることを理解させれば、前向きにチャレンジするスイッチは入ります。あきらめないで下さい。言えば必ず伝わるのですから。

10 失敗してもいいんだ

最近、自身が決めたことに対して、仮に達成できなくても言葉を変えながらうまくできたと自身を納得させる傾向にあります。本学では2年生と3年生、学部もことなるメンバーがチームとなり、企業提案に向けた企画書や計画書を作成し、実施、最終的な検証まで行なう学外活動があります。

インターンシップ先の古着を集めてリサイクルショップを行なっている企業様から、〝次回行われる2日間のフリーマーケットに多くの方々に足をはこんでいただけるよう、集客のためのＰＲを学生目線で企画、実施してほしい〟という依頼がありました。その課題に取り組んだのは2年生1人と3年生2人の3人でした。

企画した内容と結果、結果から検証すべきことや課題など、パワーポイントを使って、外部の方々も招いた席で発表しなければなりません。課題を解決するために必要なことを理論立てて導いていける力を養うための授業の一環です。

フリーマーケットの告知方法について話し合いをしたところ、ツイッターがベストであるという結論に達し、告知に対して1万2千人が情報を得るだろうという推測をたてました。それは自分たちのアバウトなツイッターフォロアー数から単純に掛け算をしたのです。ところが、ふたを開けてみるとツイッターの情報を見たのは目標の3分の1、4千人ほどでした。

結果を見て目標の1万2千人という数字はどこへ消えたのか、「たくさんの人に見てもらえて良かった。」という発表になっていました。「1万2千人の目標はどこへいったの?」という問いに対して「目標を8千人に下げとけばいいんじゃない。」と、いとも簡単に場当たり的に問題解決し、いかにもいかにもうまくできたようにその場処理をしてしまいます。問題を掘り起こして波風をたてたくないという気持ち、面倒だという思いが先だってしまったようです。

今回は2年生が代表して発表することになり、その女子学生が一人で問題解決するための論法に取り組んだのです。私の教え子でしたので、発表に向けて4日間取り組みました。達成しなかった原因分析に始まり、その背景や対策、今後の展開をまとめていかなければなりません。ツイッター告知がうまくいかなかった理由を考えてみると、フリーマーケットの来場者の多くが70~80代でツイッターを見ない年齢であったことは分かっていました。そこからです。〝どうしたら良くなるのか〟

ということを考えるように導いていくのです。

すると〝アンケートをとってみては〟などと解決方法を見つけ出してきます。実は施策を見出す力は持っているのです。失敗したことを恐れることなく道を見出していくことへの探求心が芽生え、失敗してもいいんだ。解決方法を探すことが大事。ということを学ぶことで、感動スイッチが入ります。

このとき、改めて若い世代の底力を確信するとともに、大人たちがもっとその力を引き出すためのサポートが不可欠であることを実感しました。

11 姿勢が悪い若者たち

最近、姿勢が悪い若者が多いと思われませんか？　前かがみになってゲームやスマートフォンを操作する機会が増えたり、親や学校のしつけの緩みなど、姿勢が悪くなってしまう環境にあることが一因なのかもしれません。

大学2年生の女子学生の話です。授業をしているときグニャンとした姿勢で聞いている姿が気になっていました。寝ているのかなぁと声をかけてみると、寝ているのではなく本人自身は授業を真剣に聞いていました。大学の教壇に立ったころ、ブライダルコースは野球部員が多かったこともあり、背筋も伸び、姿勢もキチンとしていましたが、今は、その学生にかかわらず姿勢の悪い学生が増えていることに気がつきました。頬杖をついて聞いていたり、右利きなのに何かを隠すように体を半回転させてノートを取ったりなど、姿勢の悪さはさまざまです。

ある日の授業で、「あなたは何をめざしているの?」と聞くと「ウエディングプランナー。」という回答が返ってきました。「ウエディングプランナーになったとき、お客さまの前でその姿勢?」と聞いてみると、答えも「ええ、まぁ。」という具合にキチンとした言葉で返ってきませんでした。

私たちが子どものころは先生が長い物差しを背中に入れて、姿勢を正すよう注意されたものです。ちなみに今の世代に〝物差し〟と言っても通じません。今は定規と言っても昔のような長いものは見たことがありませんので、長い物差しの話をしてもピンとこないのが実情です。

その後、クラスメイトも姿勢について意識するようになりました。私が近づくと気がついて姿勢を正すこともありましたが、意識をしていないとすぐにまた元通りになってしまいます。そんな生活が4月から約3カ月続きましたが、ある瞬間、彼女がその日を境に姿勢も変わり、受け答え、授業に挑む姿がガラリと変わったのです。

スイッチが入ったのは8月に行なう結婚式のリハーサルのときに映した映像をみんなで見たときでした。映されているという緊張感もあったのでしょう。彼女の姿勢はキチンとしていました。自身のキチンとした姿を見て美しい姿勢に気づきました。姿勢を正して立つことから見える意識を映像から学ぶことができたのです。

姿勢が変わると言葉が変わり、自然とポジティブマインドに変わっていくことを、学生を通じて改めて学びました。と同時に、姿勢を正すことを自宅でも学校でも言われ続けてきたことの意味を改めて理解しました。加えて社会に出る前の学生のうちに、社会に出てからではなかなか正すことができない基本的な姿勢やルールなど、気づいたことはすぐにその場で伝えていくことが大人として、また教壇に立つものとして重要なことであることを実感したのです。

最近は自宅でも学校でも注意をされる機会が減っているように思います。実は彼らは、できないのではなく、分からない、気づいていないだけなのです。まずは姿勢を正すことを徹底していくことも活気ある職場作りのために必要なことなのかもしれません。

12 メンター役を辞退

最近の若者は責任感を必要とする役職を望まない傾向にあると聞きます。ウエディングプランナーの場合でも、お客さまと接している現場は楽しいのですが、マネージャーの役職を与えると部下の管理や上司との関係に悩み、中には辞めてしまったり、精神的に不安定になったりなど、さまざまな現象や兆候が表れることもあります。

大学でも2年生が1年生を教えるメンター制度を導入しており、ある女子学生にメンターを勧めたのですが辞退をしてきました。私から見てその学生はいいリーダーとなり、リーダーになることで一皮むけるのではと思っていたのです。

辞退をしてきたときに「できない人には頼まないよ。できると思うから声をかけているんだよ。」と伝えました。ところが「自分のことで精一杯で、とても誰かのためにという余裕がない。」という回答でした。

私はその回答に正直残念でした。というのは、彼女はウエディングプランナーを目指し、誰かの役に立ちたいと言っていたからです。結果的に彼女はリーダーを引き受け、そのとき私は〝リーダーになって良かったと思えるようにサポートするから〟と伝えました。

ところが私が向いている、きっと伸びる資質があると思っていた判断が少々まちがっていたのではないかと不安に感じたときがあったのです。それは彼女の自分本意な言動が目についていたからでした。メンターとして1年間の活動の中で、彼女の才能を引き出し成長させられなかったのではないかと、自己反省と戸惑いを覚えました。

ところが1年が経過し、それは杞憂だったことに気づかされます。それはメンターになりたいという新2年生が多くいたのです。実は勇気を与えてくれたのは向いていないのではと思っていた彼女の存在があったのです。彼女にあこがれ、彼女のようになりたいということが理由でした。私はどんなところがあこがれたのかを聞くと、「困っているとき、ふとそばにいて声を掛けてくれたり、アドバイスをくれたり、さりげない優しさと笑顔に救われたことが何度もあった。」という答えでした。

私にとっては意外であったと同時に、私は彼女のどこを見ていたのだろう、自分が見ている一部でしか判断していなかったことを反省しました。

彼女に「あなたにあこがれて、あなたみたいになりたいと言ってくる後輩がいるよ。」と伝えると、「先生！　すごくうれしい。最初の約束通りになって良かった、と言えます。」と。

人の役に立ちたいという思いが後輩たちに勇気を持って責任のある役目を引き受ける行動を起こし、彼女自身もやってきたことの結果が後輩たちからの言葉で証明され、責任感ある仕事へのよろこびの感動スイッチを入れたのです。

私自身は彼女の行動を通して、若者たちの限りない可能性があることを改めて実感しました。あこがれの人の存在が若者を育て、成長させるためには欠かせない存在なのかもしれません。

13 引っ込み思案

引っ込み思案のため自ら積極的に団体の輪の中に飛び込めず、いつも一人でポツンと話しかけられるのを待っている学生がいました。ブライダルを先行している1年生の女子です。そんな子にコミュニケーション力が求められるプランナーになれるの？　と思われるかもしれませんが、プランナーになることで引っ込み思案な性格を改善したいという思いだったのかもしれません。

ブライダルコースのクラスには35人の学生がいました。私の授業ではペアやグループになってさまざまな課題に取り組むスタイルを多く導入しています。それはコミュニケーション力や協調性を高めるためです。社会に出てから学ぼうと思っても、なかなかできることではありませんので、学生の内に日々、経験することが社会に出てからも役に立ち、自分自身の自信につながると感じているからです。

あるとき、4、5人のグループになって活動する機会がありました。仲の良い者同士が輪を作ります。するとその学生はいつの間に下がってしまい、姿は見えるのですが遠いところにポツンといました。

その前に私はクラスの皆に引っ込み思案な性格を改善するために、その子が動かざるを得ない状況にすること、1人で100歩進むことより、100人が1歩進む事の価値を見出してほしいということを呼びかけていました。一方、引っ込み事案な学生には「待っているだけではなく、大学にいる間に社会人として生き生きと生活できるよう準備をしよう。」と声を掛けていました。

その効果があったのか、ウエディングプランナーとしての、社会人としての自覚を感じることができたのか、クラスのリーダー的な存在の仲良しグループがその子に「こっちにおいでよ。一緒にやらない？」と声をかけたのです。これまでは誰かがその子のそばに行き、声を掛けていたのですが、遠くにいる彼女に大きな声で呼びかけたのです。呼びかけられた彼女は当然、輪の中に入るために自らの足で一歩踏み出さなければなりません。

このときです。自らが動かなければいけないことを学ぶとともに、ウエディングプランナーを目指している学生たちは、さまざまな人の立場にたってきめ細かな配慮をすることの大切さに気がついたのです。まさに双方に社会人として芽生えていくためのスイッチがはいったのです。

人づきあいは苦手だけどブライダルをやりたいとか、プランナーになることで自身が変化していくことを望んでいる若者も多くいます。自分で自分のことを分かっていながらも変えられない自分に悩んでいるのです。そんな若者を見たら簡単に手を差し伸べるのではなく、動かなければ自分の思いや願いを達成することができない状況を、かかわる人たちで協力し作り出していくことが大切であることを改めて実感しました。

まだまだ積極性には欠けていますが、以前よりは自らが動き出し輪の中に入るようになりました。これからも見守っていきたいと思っています。

14 優等生

入学当初から優等生の女子学生がいました。授業態度も良く、性格も明るく、〝この子が中心になってくれるといいなぁ〟と思っていました。ところが自分で何でもできてしまいますので、グループワークの場面でもついつい自分でやってしまうのです。皆で話し合い、皆でやってほしいことを伝えてもなかなかできません。3、4カ月たっても変わらない状況でした。

そこで意を決し「あなたは自分だけがやったと言われたい？　ほかの人たちは何もやっていないと評価されていいの？」とあえて厳しい言葉を投げかけました。実は彼女には、巻き込むチカラを養って欲しかったからです。それを伝えると、彼女の目からは涙がボロボロとこぼれ出しました。

そこでただ「やりなさい。」と言ってもどうしていいのか分からないと思い、山本五十六ではありませんが、私自身がやってみせたのです。まさに『やってみせ、いって聞かせて、させてみて、褒めてやらねば人は動かじ』の名言通りに、自分でやって、お手本を見せ、容易にできると思わせる。言って聞かせて、納得させ、なんとかやらせてみることにチャレンジしたのです。

雑談でにぎやかな授業前、〝今から大事なことを言うから聞いてください〟という感じで、皆を同じ方向に振り向かせ発信していく方法を1日のプログラムの中で何度も意識させました。そして彼女がやってみる。もちろん、始めは単なるマネかもしれませんが、その内にやり方を身につけるようになっていったのです。

すると徐々に「ここのフォーマットまで作るから後は誰かやれる?」と言えるようになり、周りを巻き込んでいったのです。

これまでは彼女が一人でやっていましたので、〝あの子がいるからいいや〟とか、〝本当はやりたいけどあの子がやるからいいや〟と他力本願だった学生たちの態度も変わっていきました。もしそのまま、その彼女が一人で何もかもやり続けていたら、みんなの本来のできる力を摘んでしまっていたかもしれません。

皆でやり遂げていくんだという変化が現れ始めたときでした。キャンパスウエディングに向けたポスターのコピーをするために15分ほど離席したときのことです。教室に戻ってくるとホワイトボードにびっしりと文字が書かれていました。キャンパスウエディングの実施に当たり、決めなくてはならないことや皆の意見、役割分担などです。わずか15分でこんなにも多くのことを伝え、まとめていくことができたのです。一人ではなく皆を巻き込んで進めていくことの大切さを理解することができた表れでした。

こんな一場面もありました。キャンパスウエディングのPRに向けSNSやフェイスブックを使うことを敬遠していた子がいました。すると得意な子が「やり方を教えるよ。」と歩み寄ったのです。すると〝教えてもらったらやろうかな〟と心が動いたのです。

このようにすべてを自分でやってしまうのではなく、どうしていいのか分からない人に対して自分でやってみせること、やり方を教えること、それがグループ全体を引き上げ、盛り上げていくことをクラスの学生たちも理解することができたのです。

キャンパスウエディングという、イベントを通じて私自身、さらに学生たちが成長していくことが楽しみでたまりません。

15 ポジティブマインド

当然ですが、学生にもポジティブでガッツのある人と、またその反対のタイプの人がいます。最近の若者は積極性に欠けていると言われる方も多いですが、決してそのような若者ばかりではありません。前向き過ぎて、ときとして社会人としての常識を一脱してしまうこともあります。今回はとてもポジティブマインドを持っている男子学生のことについてお話します。

私が担当しているブライダルコースで、1年生の終わりに業界研究研修として、ブライダルにかかわるさまざまな業種の企業訪問をして学ぶ授業があります。初めて社会に出て学びますので、ワクワク感と緊張感を持ちながら実習を受けています。実習へ行く前には〝インターンシップや進む道を見極めて学びなさい〟と研修を受ける者としての心構えをうながしています。

その学生はある企業で担当してくださった方のお話にとても感銘をして、その会社が大好きになり、さらには就職したいという気持ちが高まりました。その気持ちを何とか早く伝えたいと思ったのでしょう、後日、アポイントなしでその会社にいきなり訪ねていったのです。担当していた方は東京からお越しになっていましたので、訪問してもその方はいらっしゃいません。企業側は学生の行動に困惑され、お電話をかけてこられたのです。

学生の熱い気持ちは分かるのですが、社会人としての配慮、訪問するのであれば事前にその旨を伝え、お互いに段取りをとりながら進めていくことが必要であることを伝えるために「熱い気持ちはよく分かる。いきなり思いを伝えても相手にも準備が必要。今回は授業の一環として、大学の一員として行ったのだから、まずは大学に相談、報告するという情報共有が必要だよ。」と話をしたのです。正直、もしかしたら、この一言でポジティブマインドが頭打ちになってしまうかもしれないという不安はありましたが、きちんと伝えるべきと思い切って話をしたのです。

それから3カ月がたち、8月に行なわれるキャンパスウエディングの準備を進めている中で、彼のポジティブマインドは生き続けていました。告知に当たりポスターを各自で作成しました。一人でも多くの人に結婚式を挙げてほしい、結婚式を挙げられなかったことに対して後悔してほしくないという思いを込めて伝えるためのものです。加えて当日のモデルとなるカップルを募集するという2つの目的があります。

すると熱い思いを持つ彼から「ビラを配りたい。」という意見があがりました。しかし無鉄砲にビラを配ってどうなのか、伝えるべき人に伝えるためにはどうすべきか考えなくてはとアドバイスをしました。

その30分後です。警察や公共の施設などからポスターを貼る許可を得るとともに、ポスターを貼るに当たり注意すべきことを聞き出し、皆に情報共有をしたのです。わずか30分でいつくもの場所でポスターを貼る許可を得てきた行動力には私自身、おどろきました。

このとき、信念を持ってきちんと伝えることができれば、心折れることなく、どうやればいいかが伝わるものであることを改めて確信しました。頭ごなしに注意するのではなく、今できる精一杯をやりきらせることが若者に限らず人間の成長に欠かせないものなのかもしれません。

16 ケーキデザインコンテスト

今回は3年生の話です。ウエディングプランナー論の授業の中で、披露宴の演出の歴史や意味を学ぶというカリキュラムがあります。皆さまもご存じの通り、披露宴の演出として欠かせないウエディングケーキ入刀はいつの時代も新郎新婦が夫婦としてお披露目する共同作業のシーンとして、お二人が最高にかがやいているシーンの1つです。

演出としては同じですがウエディングケーキの形は時代により変遷しています。かつてはウエディングケーキの高さを競い合っていたこともありました。またその大きさは披露宴会場で豪華さ、大きな存在感を示すでもありました。

やがて、アットホームな感覚の結婚式が求められるようになったころから、また冷蔵冷凍技術もすすんだこともあり、フレッシュケーキが主流となりました。

「ウエディングケーキの変遷を調べよう、学びましょう。」と言っても、今の学生たちにとっては〝今〟が当たり前。関心が低く、あまりを興味を示しません。そこで〝未来のウエディングケーキを考えてみよう〟という課題を出すことで、ウエディングケーキの歴史なども率先して調べるようになりました。その上で、それぞれに自分が思う未来のウエディングケーキの絵を描かせてみたのです。すると、とてもステキなウエディングケーキのデザイン画が集まりました。

そのとき〝この子たちの思いをカタチにできれば〟と思い、「デザイン画がホンモノのケーキになったらすてきじゃない？」と学生たちに投げかけてみたところ、〝それなら他大学も巻き込んでコンテストをやってみたい〝ということになったのです。早速、近隣の大学に声を掛けてみたのですが〝単位にならないことに学生は動かない〟〝ちょうど期末試験前で難しい〟などの声が多く、1校のみ賛同していただき、コンテストを実施することになったのです。始まりは6月、開催は7月末と決めていましたので、準備期間は2カ月もありませんでした。この間に学生たちは自主的にポスターを作ったり、他校とLINEを使って情報交換や情報共有をしたりなど、コミュニケーションも図っていました。

デザイン画のケーキをリアルに実現してくださるという難題を神戸で著名なレーブドゥシェフさんがご協力を下さることになりました。学生たちがウエディングケーキに対する思いや要望を自分たちなりの言葉で伝えた結果、何とか学生の願いを叶えてあげようと動いてくださったのです。

〝大人たちが自分たちの声に動いてくれた〟という感動をケーキデザインコンテストを通して得られたことは、不安を抱きながら社会に出ていく学生たちにとって、とても大きな財産となりました。思いを伝えれば大人も動いてくれる、無理かもしれないと思ったことも話を聞いてくれる大人がいることを学ぶことができたのです。

そして当日。コンテスト会場には多くの方にお集まりいただき、コンテストの後の試食では、あらかじめ用意していたお皿とフォークでは間に合わない状態でした。するといつの間にか食堂からお皿とフォークを調達してきたのです。そして切り分けられたお皿に載せたケーキをいの一番にご協力いただいた食堂の方々に届けに行ったのです。お礼に〝一番初めに食べてほしい〟という思いは、まさに相手を思う心遣いであり、感謝の気持ちのあらわれです。

最初はわずかな期間で本当にできるのかという不安がありましたが、あれよあれよという間に着々と準備をしている姿を見て安心と信頼しかありませんでした。自分たちで何とかやろうという思いを共有することで、おどろくほどのパワーを発揮できる若者たちのチカラ、可能性を見せられました。

伝えること、伝わったことの喜びを日常生活や社会生活の中で多く経験させることが、自主的な意欲を育成させていくために不可欠であることも改めて実感したコンテストでした。

17 あの学生さんと働きたい

私は学生たちが成長するためにさまざまな経験、人との出会い、出会いの中からのつながりやコミュニケーション、感謝することの大切さを学べると考えています。

1年生のときにはウエディング施設やウエディングの衣裳店や映像会社などを訪問して研修を受けたり、2年生の夏には一般公募でカップルを選び結婚式をプロデュースしたり、ウエディングケーキコンテストやファッションショーなどのイベント、また、課題解決型として、ウエディング施設の閑散期を活かすイベント企画などを行ないました。

さまざまな経験を通して、結婚式は一人で作り上げることはできないことを知り、衣裳やヘアメイク、写真などパートナー企業様の支えの大切さ、その支えに対する感謝の気持ちが必要であることを実感します。若いプランナーに頭を下げてくださるパートナー企業様に謙虚さを忘れ勘違いしてしまうことのないよう、下げてくださった以上に感謝を伝えること、しっかり頭を下げてお辞儀をすることを教えています。

2年生の夏休み期間は実際の現場で働くインターンシップを行なっています。1年次の業界研究実習での見学や2年次に行なう公開結婚式でお世話になった企業様にインターンシップ生としてお世話になります。

そこでインターンシップが始まる前日に「お世話になる企業様に感謝の気持ちをどう伝える？」と聞いてみると、「お礼状を書く。」という回答が上がってきましたが、「お礼状を書くのは当たり前のこと。ほかに感謝の気持ちを伝える方法はないかな?」とさらに尋ねてみると「お菓子を持っていく。」との声。さらに「お金ではない伝え方はないのかな?」と聞きました。そのときそれ以上の回答はありませんでした。

翌日のことです。衣裳店でお世話になる学生が1つの映像を作り上げてきました。夜中まで取り組んだようでした。それは衣裳室のスタッフは、ウエディングプランナーのように結婚式の当日の花嫁の姿を見ることができないことに気づいたからでした。

本当は個々が接客した花嫁の当日の姿が、お召しになった衣裳がどんな風に見えるのかなど見たいに違いないこと、本番の日は会場にはいないことから何が出来るかを考えたようです。

そこでその彼女は自分自身の目線で花嫁が一番きれいに映しだされている花嫁の笑顔や後ろ姿のシーンなどをつなげ、メッセージを織り込んで作り上げてきたのです。私自身、とても感動しました。相手が何を思い仕事をしているのかを理解し、満たされていないことを映像という形に仕上げたのです。

インターンシップ先からも「感激しました。ぜひいつか、あの学生さんと一緒に働きたいです。」という声をいただきました。一緒に働きたいと感じていただいたことにさらに私は感動しました。

今の世代は何も感じていないわけではなく、ヒントを出すことで理解し、創意工夫することができること。大人たちがあれもこれも手を出しすぎずに、見守ってあげることにより、気づきのスイッチが入り、私たちが想像している以上の感性、目線で何かをすることができることを実感しました。

頭ごなしに〝若いからできない〟とか、1回の問いだけで〝分かっていない〟という判断をするのではなく、スイッチが入るよう大人たちも真剣に向き合い、ヒントを出しながら考えさせていくことが喜びの行動につながるのではないでしょうか。

18 飛び込み営業

大学2年生の夏のインターンシップ、学生たちは自身が目指している仕事をより深く知るために2週間、実際に社会に出る就業体験にチャレンジします。

私は学生一人一人の目指す将来やキャラクターからインターンシップ先の案内をしています。学生や先生たちの中には〝単位をとるためのもの〟ととらえている人もいますが、大学卒業後のことを考えて社会人経験をすることがとても大切だという思いと、受け入れ先企業様のご理解とご協力に対する感謝からも、私自身は真剣勝負で取り組んでいます。

ある夏のことです。学生たちの成長のために注目していた企業がありました。企業が求めている人材に成長するために必要な教育を徹底的にされているところです。しかし難問がありました。それは会社までの距離が遠く、片道2時間以上、住まいによっては往復で5時間かかります。一瞬の躊躇はありましたが、3人の学生にその企業へのインターンシップを勧めました。始めはその条件から〝えっ〟というリアクション、戸惑いがあったようでしたが、翌日には全員が、「行かせてください。」と言ってきました。

そして、そのインターンシップ先で初日から言い渡されたのは〝飛び込み営業〟でした。私自身、いきなりの飛びこみ営業の指令に正直おどろきました（実は心配で初日に学生には分からないようにこっそり見に行っていたのです）。もちろん3人とも初めての経験です。

訪問先で必死で説明するも、名刺を受け取っていただけなかったり、話をうなずいて聞いてはくださってもパンフレットはいらないと断られたりなど、世間の風の冷たさが突き刺さります。中にはトイレに入り泣いたり、トイレから出てこれなかったり、訪問したことにしてごまかしてしまおうと逃げたくなったことも多くあったようです。

情報共有しながら、何度もたたかれ、打ちひしがれ、落ち込みながら、みんながんばっていることを知り、それぞれに〝どうしたら聞いてもらえるのか〟と考えるようになっていったのです。そしてあるとき、訪問した営業先から〝あなたを応援します〟という一通の手紙が届いたのです。〝また来ます〟という笑顔がすばらしかったと書いてくださっていたというのです。3人に感動スイッチが入りました。一生懸命にやることの大切さを学んだのです。

3人のうち男子は1人でしたが、その学生の変化は著しいものがありました。インターンシップ最終日に社員の皆様の前で、体験したことの発表を行なったのですが、普段はポーカーフェイスの男子学生が話をしているうちに、こみ上げるものがおさえきれず、涙を堪えながらひと言ひと言をかみしめ、皆に伝わる言葉や表情で一生懸命にプレゼンをしていました。

インターンシップ期間を終えて、大学に戻って来たときに「近々、こういうのがあるよ。」と情報を皆に伝えていましたが、「行かせてください。」「行かせていただいてありがとうございます。」と以前とは想像がつかないほど積極的に、どんなことにも取り組むようになったのです。辛く、厳しい飛び込み営業という苦難を乗り越えたからこそ、自分に自信がついたのでしょう。

〝最近の子は無表情で何を考えているのか、何か楽しいのか、うれしいのか分からない〟という大人たちがいます。そうでしょうか。何かを乗り越えたとき、それを体感したときに心からの感情、感動を表現できるのではないでしょうか。分からない世代だからと放って置かないでください。感動スイッチが入ることで変わるかもしれません。どうか、社会人一年生となる若者を育ててほしいと願います。

19 まちがっていなかったんや

自分は将来何になりたいか、どんな仕事や企業に勤めたいのかという目標が決まっていない学生が多いと言われています。しかし中には自分が将来なりたい仕事を定め、大学や学部を選択している学生もいます。今回は将来、ブライダル業界に就職したいという目標をたて、ブライダルコースを選択した男子学生についてお話します。

ブライダル業界への就職を決めた理由は身内の結婚式に列席したことに始まります。結婚式という最高のステージを目の当たりにし、こんな素晴らしい仕事をしてみたいと思ったそうです。将来の方向を定め、大学を選んだそうです。

目標が定まっていますのでさまざまな授業を受ける姿勢も意欲的です。ところが、だんだんブライダル業界に就職することへの不安が募っていたことをあとから知らされました。業界におけるさまざまな情報を耳にする機会が増えるほどに、〝本当にブライダル業界でいいのか〟〝ブライダル業界は自分には合っていないのではないか〟と自問自答をしていたようです。不安を抱えながら、ブライダル業界の施設にインターンシップに行ったのです。

インターンシップが終了して戻ってきたときに、「どうだった？」と聞くと、「自分が選んだブライダル業界はまちがっていなかったことを学びました。」という答えが返ってきました。ところが、「だけど先生、実は迷ってたんです。ブライダル業界の選択はあっていたのか、ブライダル業界には向いていないのではないかと迷っていたんです。」と。私にとっては寝耳に水でした。ブライダル業界に就職することを決めて門戸を叩いてくれた学生が、業界に対して迷いを感じていたことに気づかなかったのです。

結果的に〝まちがっていなかった〟という結論を出したのは、インターンシップ先に勤めている先輩たちの生き生きした態度やお客さまのために一生懸命になっている姿を目の当たりにしたからだったのです。立っているとき、自分が片足に重心をのせて立っていた姿をもちろんですが注意をされたりしたそうです。

始めのうちはいろいろ注意をされることも多く落ち込んだようですが、それもすべてお客さまから見たときの印象、どのように見えるか、思われるのかを教えてくれたことに気づいたのです。まさに彼にとっての感動スイッチです。常にプロ意識を持ってお客さまのために接する姿が彼を変えたのです。

インターンシップから戻ってくると、自然と日ごろの身なりやヘアスタイルもきちんとしてきました。自ら進んで配ぜんのアルバイトも始め、日に日に行動がスマートになり、清潔感も増してきました。この変化は見ちがえるほどです。お客さまの目線に立ってサービスすることの楽しさや仕事としての価値を見出した結果だったのです。

インターンシップ先によっては雑用ばかりに偏ってしまうところもあるようですが、その雑用だと思われることも〝すべてお客さまのため〟と理解し毎日毎日、ガーデンの草むしりをしていた者もいます。それはインターンシップ先の企業に皆さまの姿勢が、すべてはお客さまのためにという気持ちがあったからこそ、そのような気づきになったのだと思います。

学生たちはよく見ています。そこで働く皆さまがイキイキとお客さまのために一生懸命に取り組んでいる姿、その背中を見ているのです。

20 大人たちの勝手なレッテル

当時の人間科学部経営学科は4コースあり、地域マネジメントコースとセイフティマネジメントコースは三木キャンパスを拠点に構えており、強化クラブを中心に、将来、野球やサッカーのプロを目指している学生も多く、大半、男子学生です。以前は三木キャンパスでもブライダルコースを教えていたのですが、4年ほど前にブライダルコースは尼崎キャンパスのみとなりました。しかしながら、業界を知るという意味で年に1回、ブライダル業界には就職しない学生を対象にブライダルに関わる授業を90分間実施しています。

18、19歳の年齢ですから結婚式を考えるのも先のことですし、もともと望んでいない業界であり、運動部の朝練などで疲れ切っています。授業中、机に突っ伏して寝てしまったり、スマートフォンをいじっていたり、友だちと勝手におしゃべりしていたりなど、それぞれに勝手なことをしていることもあるのが実情です。

そこで私はまずはじめに、教える側としてどうしてほしいのかというルールを伝えるようにしています。教える側も聞く側もお互いにとって貴重な時間です。その時間をムダにしないための希望です。基本的に授業中に眠ったり、スマートフォンを操作することは禁止です。睡眠もウトウトしながらも聞こうとしている場合はまだ良いのですが、完全に机に突っ伏すことは良しとしていません。そのような環境にならないように、始めの段階でまず私がどうしてほしいのかを伝えることが大切なのです。

頭ごなしに「スマホをしまって！」と言っても反発します。そこで「あとでスマホを使う機会が2回あるから、いったんしまってくれないかな。」と促します。といっても中には途中で取り出してスマホを見てしまう学生もいます。そんなときは「じゃあ、皆スマホを出して！　スマホで結婚式の面白い演出を探してみて。」と切り替えます。

中にはここぞとばかりにラインをチェックしている学生もいるかもしれません

が、調べたことを〝こんな演出があった〟などと情報共有する時間を設けていますので、みな生き生きと調べています。「オリジナルな結婚式を考えてみて。」というと、野球部やサッカー部の学生が多いキャンパスなのでスタジアムでの結婚式〝スタ婚〟などが飛び出してきたり、活気ある授業となりました。

授業の最後に結婚式の映像をみせようとしたときに、一人の学生が机に突っ伏していたのが目に入りました。そばにより「朝連あと眠いよね。映像見た後、自分の意見を書く項目があるんだけど大丈夫?」と。するとその学生は姿勢を正して映像を見はじめました。おどろいたことにその学生のレポートには〝心が動きました。誰かのためにすることは素晴らしいです。結婚というものを真剣に考えてみたいと思います〟と書かれてありました。

まったく興味のなかった業界であり、まだまだはるか先のことと思っていた結婚というものに対して向き合ってみようと考えられたのです。人のためにつくすことへの価値まで見いだせたのです。あのとき、見過ごしていたら彼の心の感動スイッチは入らなかったかもしれません。

運動部は、勉強をしない学生が多い、勉強は苦手というレッテルを勝手にはってしまいがちですが、もちろん一概にそうではなく目的・意図をきちんと伝えれば理解します。どんなに疲れていても真剣に取り組もうとするのです。

最近は親や先生たちが無難に子どもたちの生き方や進路を決めてしまいがちです。安全・安心の将来をと自らの経験を踏まえた愛あるアドバイスでしょう。でも、親や先生が決めるのではなく自分たちで自分の将来を見出していくためにも、大事なルールを大人たちがきちんと伝え、目を向かせ、耳を傾けさせることを促す努力をすることが必要なのではないのでしょうか。

21 株主総会

大学祭の模擬店出店の際に株式会社経営について学ぶ機会を設けています。対象は経営学科の2年生です。10人程度のチームを作り、その中で社長や役員、人事や経理、営業など1つの会社組織を作り上げていきます。株式会社として何をしなければならないのかを、2日間の模擬店運営で、売り上げ目標や収支、株主への還元はどうすべきかなどをチーム単位で決め何を販売していくのかを決定していきます。

単に売り上げれば良いのではなく、会社経営に欠かせない株主をよろこばせる、満足させることを意識して運営をしていかなければなりません。それは模擬店の結果を株主総会で報告することにより明確にしていきます。

模擬店では食品を販売しますので、仕入れのことも考えなくてはなりません。人数が不足していると判断したらアルバイトの採用、時給試算、資金的に不足しているのであれば事前に出資を募ります。学生たちは、前売り券を販売するなどのアイデアも出していきます。

また集客においては、看板やチラシ、SNSを駆使するなどインスタ映えする写真や呼び込むためのツールも考えていきます。さまざまなことを会社組織としてそれぞれに決められたポジションで取り組み、模擬店を運営していくのです。

原価管理、ＰＬなど経営学科として学んできたことをフルに回転させ、そしてミッションである株主を満足させる模擬店（会社）経営を構築していかなければならないのです。

株主総会では教員たちが株主となり厳しいつっこみをします。「なぜ売り切れて待たせたのか、販売予測を立てていなかったのか？」「働いていない人にも給料は当たり前に支払われているのか、もっと効率、生産性の高い人材配置、戦略が必要ではなかったのか？」「利益率が低いのはなぜなのか。株主に還元してもらえるのか？」など、株主総会で発表する社長や役員に対して株主たちは物申します。

あまりにも厳しい指摘に必死で涙をこらえる学生もいます。また自身のふがいなさに悔し泣きする学生もいます。もう1回やり直しをしたいという声もあがりますが、会社経営において同じことをやり直すことはできないことも伝えます。

学生たちにはいじわるでしているのではないこと、いつか起業を考えたときでも、組織に所属したときでも、会社というもののあり方や株主が支援したいと思っていただける会社を作り上げていかなければならないことを学んでほしいから指摘していることも伝えます。

同時に社員から見た社長や役員評価も行ないます。役員の手腕はどうだったのか、運営の方向性はどうだったのか、自薦他薦で決めるので社長交代もあり、それは何が原因で起こったかなど、チームで選んだ人選のあり方や社員として支援したい、ともに働いていきたい経営者はどのような人材なのかも考えていきます。

模擬店を介した株主総会をきっかけに会社経営の難しさを学ぶとともに、ファイナンスのことに興味を持ったり、株式のことや財務、経理、店舗運営に興味を持ったりなど、実体験を通して学生たちは新たな道を見出していきます。そうなのです。興味、関心を持つことでスイッチが入るのです。悔しさから得た感動スイッチも大切なことです。

今の若者は何にも関心が薄いのではなく、関心を見出せるような体験をしていないから分からないだけなのかもしれません。自分が体験を通して見つけ出した新たな発見は、もっと知りたいという自主的な行動を起こさせます。関心があることを見つけ出すと大人たちの想像を超える新たな力を生み出すことを、大人たちはもっと知るべきではないでしょうか。

22 保育士志望からブライダルに

教育学部で保育士を目指していた男子学生が最終的にはウエディング業界に就職したという話です。彼は子どものころから絵を描くことが好きで子どもが大好きでした。中学2年生での職場体験で老人介護センターへ行ったことがきっかけで最初は介護士を目指していたようですが、子どもが大好きだったことから、保育士の道を目指すことを決め、大学も保育士の資格を取るためにこども教育を専攻しました。当初、母親は保育士の厳しい実情もあり反対していたそうです。

親の反対を押し切って目指した保育士でしたが、2年生のときにブライダルを目指したいという思いが強くなりゼミの先生に相談した結果、ブライダルを担当していた私と出会うことになったのです。ブライダルに目覚めたのは結婚式に列席したときに、一組のカップルのために全員が全力で取り組んでいる姿に感動したことがきっかけでした。もちろん、そのほかにもさまざまな悩みや思いがあったのでしょうが、タイミング良く結婚式の場面に出会ったことにより感動スイッチが入ったことはまちがいありません。

ブライダルの転籍を望んでいた彼に私は「なんで、強い意志を持って保育士の道を目指していたのにブライダルに転籍したいの?」「そんなに思いが強いのであれば、ブライダル業界のことは調べたの?」という問いを投げかけました。国家試験を前にして、厳しい実習などに向き合い、逃げたくなったのではないかと感じたからです。「まずは目指していた保育士の国家資格を取ってみたら? 最近はお子様を連れた結婚式も多くなってきたから保育士の資格を持っているプランナーってステキじゃない? もっとお客さまによろこばれることが増えるかもしれないよ。」と、転籍をせずにまずは保育士の資格を取得することが第一というアドバイスをしました。あれだけ強い意志をもって保育士を目指したのに、もう進路変更かと、親御さんも、戸惑っていらっしゃったことも感じました。

その後、見事に保育士の資格を取得したことから、ブライダルの現場を学ぶために3年生のインターンシップのときに沖縄のウエディング企業を勧めたのです。期間は1カ月、その間はすべて自腹で生活をしなければなりません。その条件でも彼はインターンシップ生として沖縄へ飛んで行ったのです。

沖縄の読谷で1カ月間の現場体験を終え、お世話になった方々に感謝の気持ちを込めて一人一人に手書きのイラストとメッセージを渡したそうです。するとその気持ちに対して、皆さんの言葉を集めた寄せ書きが、彼に手渡して欲しいと私宛に届いたのです。

インターンシップ生が、実習先からこのような寄せ書きをいただくことは初めてでしたので、私自身、本当に感激しました。保育士の国家資格もとり目標をクリア、望んでいたブライダルの現場に立つことができたこと、そして皆さんから感謝や応援のメッセージをいただけたこと、喜びにつながるまでのココロやカラダのしんどさは、過ぎれば宝になるという信念でアドバイスを心がけていることがカタチになった学生の成長です。

沖縄での経験もあり、最終的には沖縄のウエディング企業に試験を受けて合格し、就職することになりました。就職してから4年目には、サービスのトップのポジションで活躍していました。保育士もしかり、ブライダル業界への息子の進路変更に戸惑っていらした母親も今では息子の活躍を応援するにいたりました。今後は視野を広げて世界を舞台に活躍していきたいという希望にあふれています。

最近の子どもはフワフワしていて優柔不断でつかみどころがないと言う大人たちがいます。しかし彼のように今やるべきことは何か、やるべきことにムダなことは一切ないこと、すべてが将来のために必要であることをしっかり受け止め活動していけます。次につながるステージへのステップを大人たちが示すことにより、自身で道を切り開いていく力を発揮します。次世代を築いていく若者たちの限りなき力をもっと信じていたいと思います。

23 産学連携

1年生の終わりの、「業界研究実習」という授業の中に、ゲストハウス様の協力を得て、模擬挙式と披露宴を学生たちが作り上げていくというプログラムを組み込んでいます。まだブライダルを学ぶ前に、あえて教えず、学生たちが自分たちでさまざまな情報を収集したり、聞いたりしながら作り上げていくというものです。今春も2月に1年生最後の授業として5年前から協力いただいているゲストハウスで行ないました。

そこには大学を卒業し、ちょうどカリキュラムがスタートしたときに1年生だった学生が勤めていました。学生ではなく先輩のウエディングプランナーとして、会場案内や、1年生からの質問に堂々と答えていました。

1年生のときの実習で花嫁衣裳を着たくないと言っていたあの学生が、今は立派な大人として、社会人として、そして学生たちの先輩として堂々と立ち居振舞っている姿を見て、学生のときから企業との連携を図り、学んだことや経験を大切にして、その思いや姿を次世代につないでいくことの大切さを新ためて実感しました。

模擬挙式と模擬披露宴は挙式と披露宴チームに分かれて行ないます。模擬挙式のときは披露宴チームから新郎新婦役を選び、模擬披露宴のときは逆に挙式チームから新郎新婦役を選び進めていきます。新郎新婦役以外の学生はゲストとして参列、列席します。お料理も本番の結婚式さながらフルコースを用意していただいています。

サービスはゲストハウスのスタッフの方にお願いしています。すると〝パンがなくなったときにタイミング良く持ってきてくれた〟とか〝席をはずしていたら戻ったときにシャーベットを持ってきてくれた〟など、サービススタッフの目配り気配りに気づきます。

質問タイムでは「これまでにどんな失敗をされましたか?」など、ゲストハウスのスタッフに向けて学生たちが問います。この質問に対して先輩である彼女は「ご成約された方に対して本格的に結婚式の準備が始まる結婚式の3カ月前より前に、何も連絡をしなかったことに対して不安を与えてしまったことです。」と回答。その失敗に対して今後は不安を与えないように、成約されたすべてのお客さまに対して二人のスケジュール帳を作ることを考え実践したというのです。

何かにぶつかったら自分で考えてみること。人生に失敗はなくそこに何か新しい気づきやアイデアが生まれてくることを伝え続けてきた結果を聞くことができ、自分の力で実践していることに私が感動しました。失敗に落ち込むことなく、それを踏まえ何が出来るか、プラスに変えていくことができることで、自らの力で何か新たなものが切り開かれていくのだと思います。

彼女は、成約率が高いことから40件の担当をすることもあり〝お客さまが分からなくなりませんか〟という問いに対しても〝お客さまとキチンと向き合っていれば分からなくなることはありませんよ〟と、キラキラした目で答えていました。学びながら成長し、さらに経験に学び成長していく、成長しているという実感とともに、さらにチャレンジしています。

1年生の中には〝私も先輩のようになりたい〟と思った者も少なくありませんで

した。

先輩の歩みが、軌跡が、かがやきが次の世代へ、さらに次の世代へ受け継がれていくことがとても大切なことだと思います。

業界研究実習はゲストハウス様のご理解と協力なしではできなかったことです。今後も未来ある次世代をになう学生たち、子どもたちのために大人たちが皆で協力し、産学が連携し協働して、次世代につないでいくことで発展があるのではないでしょうか。

第三章　感動スイッチＯＮ

―石川夕起子に学んだ学生たちの声―

『まずは目指していた保育士の国家資格をとりなさい！』

2015年卒　谷廣祥太さん　沖縄ワタベウェディング勤務

石川先生との出会いは大学2年生になる前のことでした。

小学校のころから保育士になりたいと思っていました。中学2年生のときの職場体験で老人介護センターへ行ったことから介護士も考えたのですが、小さいころからあこがれていた保育士になろうと決めて、関西国際大学教育学部教育福祉学科に入学しました。ところが大学1年生のときに結婚式に列席する機会があり、新郎新婦のために全員が全力で取り組んでいるウエディングプランナーの姿に感動し、ブライダルコースに転籍したいと進路担当の先生に相談に行ったのです。そのとき、紹介されたのがブライダルコースの教員をされていた石川先生だったのです。

そのとき「なんで強い意志を持って保育士の道を目指していたのにブライダルに転籍したいの?」「そんなに思いはあるのであれば、ブライダル業界のことをいろいろ調べたの?」と言われたのです。そして、まずは目指していた保育士の国家資格を取ること、授かり婚も多い今、お子様を連れた結婚式に、列席の方もお子様連れが予想されること、そのときに、保育士のスキルを活かせるアドバイスがカップルに出来るのではないかと言われました。「保育士の資格を持っているプランナーってステキじゃない?」という言葉に、なにか、内面のすべてを見抜かれているような気がしました。そこから奮起して保育士の資格を取り、ブライダルの現場を学ぶために自主的に3年生のインターンシップに行きたいとお願いすると、沖縄のウエディング企業を勧められたのです。最終的にはインターンシップでお世話になったワタベウェディング沖縄に就職することができました。

石川先生の言葉として今でも残っているのは「やりたいことは口にだすこと」「相手がどうしてほしいのかを常に考えて行動すること」ということです。

今、現場でサービスをするなかで、相手を思い、何をしたいのかを考え行動していますが、ときとしてそこまでしなくても、と思われてしまうこともあります。自分の行動が返って新郎新婦に気を遣わせてしまったのではと思うことがあります。どこまでしていいのか、とても難しくもあり、奥深さを感じています。

今後においてはウエディングドレスデザイナーの道も考えています。それは子どものころから絵を描くことが大好きで、インターンシップのとき、お世話になった皆さんにウエディングドレスのイラストとメッセージを一人一人にお渡しし、とても喜んでいただいたと聞いて本当にうれしかったのです。ワタベウェディングにはドレスメーカーとしての業務もありますので、ゆくゆくは男性目線で女性に着て欲しいウエディングドレスのデザイナーとして活躍したいですね。

石川先生、これからも末永くよろしくお願いいたします。

「やってみないと分からない、挑戦すること」

2016年卒　中川柊子さん（神戸北野異人館サッスーン邸勤務）

石川先生から学んだことは『やってみないと分からない、挑戦すること』でした。

私は筋を通さないと許せない性格から幼稚園のときにどうしても納得できないことがあり、同じクラスの園児と喧嘩をしてしまいました。たまたま、喧嘩の相手がママたちの中心的な存在の方の子どもだったのです。おそらくそれからです。私の母はママたちの仲間から外されることを恐れ、私の行為を否定したのです。なぜか、小学校でも中学校でも、高校でもずっといじめられていました。靴を隠されたりなど茶飯事です。私と付き合っている友だちまでいじめられてしまうことがありました。

そんな経験から人前に出ることや、目立つことをしてはいけない、したくないと思っていたのです。そんなときに「花嫁体験」の実習で花嫁衣裳を着なくてはならないときがきたのです。

私は絶対的に拒否をしました。とにかく目立ちたくないと思っていたのです。そのとき石川先生から「ウエディングプランナーになりたいのなら、花嫁の気持ちが分からなくていいの。絶好のチャンスを逃すのか、生かすのか、自分で考えなさい。」

と言われたのです。　前日まで悩んでいましたが、結果的に行くことを決めました。そのとき、美容や着付けのプロの方たちが花嫁一人のために一生懸命に尽くしてくれていることを肌で感じることができたのです。花嫁はこんな気持ちなんだ！　楽しかった！　やって良かった！　と思えたのです。

今はインターンシップとアルバイトでお世話になった異人館サッスーン邸でウエディングプランナーとして勤めています。小さなころからずっといじめられてきたこともあり、いつも幸せなことの近くにいたいと思っていました。今でも、私に限らず全世界が平和になってほしいと思っています。石川先生との出会いがなかったら、いつまでも挑戦しない自分がいたかも知れません。優しく、そして厳しい先生ですが私に挑戦することの大切さを教えてくれた、本当に素晴らしい先生です。

常に先を読みながら組み立てていく

2016年卒　田畑　芽さん（株式会社マリーマーブル勤務）

石川先生から学んだことはトコトン考えることです。

授業のときもいつも「なぜ?」「どうして?」という質問をされました。これは何のためにあるのか、何のためにするのかなど、根本的なことを突き詰めていくまで質問攻めにあいました。こんなことをしてみたい、なぜやってみたいと思うのか、それは誰のためにやらなくてはならないのか、そのためにはどうしなくてはいけないのかなど、常に先を読みながら組み立てていく習慣が、何度も何度も繰り返される中で身につきました。

学生時代に自身で考えること、行動を起こすことを学んだことが今の職場でも生かされています。例えば何か問題が起きたときに、なぜ問題が起きたのか、その問題を解決するためにはどうすれば良いのか、出した答えに対して、それを受けた相手はどう思うかなど、自分都合ではなく、クレームに対する対応を受ける人の気持ちまで考え、完璧な対応策をチーム皆で考えられるようになったのです。

最近は「田畑さんは気が利くね。」と言われるようになりました。社長からもそのような言葉をいただけるようになりました。本当にうれしいことです。

学生時代は石川先生の「なぜ?」「どうして?」の質問攻めは厳しかったですが、お陰でその思考が習慣となり、今、仕事で活かされていることに感謝しています。

動かなければ始まらない

２０１８年卒　松川帆郁さん（バリューマネジメント勤務）

先生から学んだことはたくさんありますが一番印象的なのは「動かなければ始まらない」ということです。どうしようと悩むくらいなら、まずはやってみる方が後悔はないということを教えていただきました。だからこそ、伊吹山の何もないロッジでのウエディングや、声をかけていただいたたくさんのイベントには、例えアルバイトのシフトが入っていたとしても、その場で、すぐに参加を決めていました。アルバイトは今でなくてもできることだし、それならもっと今しかない学びやより多くのことを吸収したいと思えたので、迷いはありませんでした。基本的に優柔不断な性格なのですが、声をかけていただいた何かのチャンスに対して、自然と決断力、行動力が身につきました。結果、全て参加して良かったと、今にも生きている経験です。また先生は、成長を具体的に褒めてくださいます。本当に先生に出会えたことが宝です。

今、プランナーとしてデビューしました。これからも学びを活かしていきます。ずっとあこがれていた仕事なので、社会人になっても毎日が楽しいです。先生と出会って、ナマケモノだった私の強みは行動力になりました。ありがとうございます。

愛ある厳しさ

2015年卒　山田祐規子さん（ハホニコ勤務）

大好きな先生の言葉で印象に残っているのは、「なんでそう思うの？」です。いつも物事を考えさせてくれて、学生の意見を最大限に取り入れて下さる先生の姿が想い浮かびます。

先生の「なんで?」は一言ですが、私にとって最初はプレッシャーになる言葉でした。でもその問いかけは、私にとって考えるチャンスを与えて下さり、成長させて下さる一言であったと実感しています。

周りを思いやるあまり、なんでも引き受けてしまい、結果、かえって迷惑をかけてしまった事がありました。そのとき先生は、「その優しさは、周りのためになった?」と言われ、何も言えない自分がいました。

これからは、たくさんの気づきを下さった先生に、ただただ恩返しがしたいです。どうしたらよろこんでもらえるかばかり考えています。これは、ブライダルの授業でずっと学んでいたことだと、気づきました。先生に会うといつも「また明日からがんばろう! 楽しもう!」という気持ちになります。私は先生みたいな毎日キラキラで『ハッピー野郎』なステキな女性になります。石川先生と出逢えて私はめちゃくちゃラッキーです。

これからもまだまだよろしくお願い致します。

チーム全体を同じ温度にすること

在学４年生　沼間朱音さん

私は2年生のとき、石川先生に「キャンパスウエディングのプロデューサーになりたい。」と申してでたのです。そのとき「やりたいのなら、自分で動きなさい。周りを巻き込みなさい。」という答えでした。

私はもともと、何でも自分でやってしまうので、グループワークの場面でもついつい自分で決めてやってしまいました。そんなとき石川先生から「あなたは自分だけがやったと言われたいの？」「ほかの人たちは何もやっていないと評価されたいの？」と問われ、思わず涙がこぼれてきました。あとで、私の負担の大きさを考えてのこととわかりました。

先生は自分でやってみせてくれたのです。「今から大事なことを言うから聞いて下さい」と切り出したのです。私も先生のマネをしてみたのです。すると、皆が役割分担で動いてくれるようになったのです。そのとき、チーム全体を同じ温度にすることの大切さを学びました。

同じ温度になることで、不可能なことも可能にします。皆でやり遂げていくことの楽しさを感じました。わずかな時間でも皆から意見を聞き、そしてまとめていくことができるようになったのです。不得意な分野を得意な人が自然の流れでフォローしてくれるようになりました。

石川先生があのとき、見本を見せて示してくれなかったらチームワークの強さ、同じ温度にすることの大切さを実感することができなかったと思います。

こんなうれしいこともありました。オープンキャンパスがきっかけで大学入学した学生から「先輩にあこがれて入学しました」という言葉をいただいたのです。私も実はオープンキャンパスのとき、真剣に話をしてくれた先輩にあこがれてこの大学を志望しました。あこがれられる先輩になれたのも、石川先生の厳しい教えがあったからです。ありがとうございました。

石川夕起子からのメッセージ

教育の現場で何を伝えたいのかと言われると「可能性」です。学生の無限の可能性を信じています。これは私の思いの中で、期待より上回る信頼があるからです。それぞれの個性が生かされる役割があり、それぞれが輝く場所があります。そのことに気づくことさえ出来れば、大きく成長し、自分自身を信じることができるのです。

7年間の教員生活の中で、学生とともに成長させていただきました。きっと彼らのためになると信じられることのみ、厳しい言葉も伝えました。学生たちのひたむきさは、彼らの無限の可能性の確信へと変わります。

教育現場だけでなく、日本の社会では、出来なかったことにフォーカスし、なぜできなかったのかを考えさせることが多い気がします。もちろん反省は大事です。

でも「なぜできなかったんだ。なぜできないんだ。」では、どんどん沈んでいきます。結果を受け止め、どうしたらできるかにフォーカスすると、可能性はどんどん広がります。できる方法を考えようとするからです。

学生たちより、少しい多い経験値から、こうすればうまくいくと想定できることでも、自分で考えさせることを意識しています。

企業時代、親業時代の反省を繰り返さないために。こうすればうまくいくよではなく、自分の力で考え、歩める人財であることを学生自身に気づいて欲しいからです。

「やらなければいけないことは何もない。ただやりたいことがあるだけ」尾崎里美師匠

「なんのために」中村文昭師匠

「人は人の言葉に傷つき、人の言葉に救われる」笑福亭鶴瓶師匠

3人の師匠に学んだことはとても多く、今の私があるのは、師の存在にほかなりません。

さらに教え子たちは、私に学びをもたらせてくれた師でもあるのです。

⚜学生が選んだ石川夕起子語録

『目的と意図を明確に』

『あなたは何がやりたいのか』

『肯定語で考える』

『どういうイメージなのか』

『変わりたければ変われる』

『知らないことは恥ずかしいことではない。知ることができる』

『ベストなタイミングがくる』

『どの道の選択も正しい』

『気づけば成長』

『難しいことでも〝ハイ〟と返事を』

『ちがう方法でゴールすればいい』

『やってみないと分からない』

『その先に誰かの笑顔はみえるか』

『知識を蓄え知恵をもつこと』

『突拍子もないアイデアも30年後には認められる』

『人と比べない。比べていいのは過去の自分とだけ』

あとがき

ずっと人は変わることができないと思い込んでいた私が、笑福亭鶴瓶さん、中村文昭さん、尾﨑里美さんとの出会いにより変わることができました。苦しかったとき「暗中模索」「五里霧中」「支離滅裂」という闇の中でもがいている四字熟語ばかりが頭をよぎっていました。そんなとき家に帰って子どもたちに今の気持ちを四字熟語で表現してみてと言ったところ、「順風満帆」「天真爛漫」という言葉が飛び出してきたのです。このときからです。私の頭の中から苦しさを表現している四字熟語が消え去りました。

今はいつどんなときでも『順風満帆』（追い風を受け、帆がいっぱいにふくらむこと。転じて、物事が順調に思いどおりに運ぶことのたとえ）の人生を楽しんでいます。例え失敗しても意味がある『順風満帆』と思えるのです。

生きていくためにはさまざまなことが起こります。決断をしなければならないこともあります。そんなとき､思い切って挑戦していくことも大切なことです。自分がやってみたいと思ったことは、ハートがわくわくするならばどんなに小さなことでもやってみることです。人がどう思うか？　とか失敗したらどうしよう？　と周りや世間体を気にするのではなく、どんなことでも挑戦してみること。もし、やってみてダメだったとき落ち込むのではなく、やってみてダメだと分かったことに感謝すれば良いのです。

チャンスは日常にあふれています。チャンスと思ったらすぐに行動することにより、道はどんどん開かれます。人は平たんなグランドにラインが引いてあれば簡単に走ることができますが、ラインの両サイドが断崖絶壁だったときには怖くて走ることができなくなります。ラインの外は余白、いいかえれば人生においてムダだと思われている部分です。つまりムダなことは何もないということです。目の前に障害物があると感じたときも、不安を感じ思い悩んでいるよりもまずは走ってみることです。それは次のチャンスのために与えられた道であり、その先にまた新たな可能性を秘めた世界が待っているかもしれないからです。

つい先日のことです。私はどうしても乗らなければならない電車に乗るために階段で転んでしまいましたが、駅員さんに助けられ乗ることができました。おかげさまで元部下の送別会に間に合いましたが、転んだときの衝撃で足首を痛めてしまいました。足はパンパンに腫れましたが、送別会に参加するという私の願いはかなえることができました。

翌日、病院で診断した結果、靱帯損傷であったことが分かりました。そのとき、自分は大丈夫と車イスに乗ることを申し訳なくて拒否していましたが、看護師さんたちにその方がスムーズだと言われ車イスを押していただきました。自分がお世話される状況にあるという現実を受け止め、有難く受け入れられるようになったのです。

そんなとき、追い打ちをかけるように母が脳梗塞で倒れました。そのとき、脳梗塞で倒れて何も自分ですることができないのだから、私がお世話をすることが当たり前であり、何の苦痛も感じませんでした。もし、靱帯損傷というアクシデントがなかったら、きっとこのように素直な気持ちになっていなかったかも知れません。今回のアクシデントは現実を受け止め、受け入れるということを教えてくれたものであり、私にとってはすべてがハッピーなことだったのです。

望まないことが重なれば、通常であれば〝なぜ、私ばかりにこんな辛い仕打ちが来るのか〟と現実に悩み、落ち込んでしまう人が多いことでしょう。しかし起こった事柄は、何かに気づくため、すべては自分を成長させるための過程であるのです。どんな出来事も人生の中のヒトコマ、一瞬のこと。その起こったことを嘆くより、自分自身が楽(らく)になる考えに生きることで、未来は明るく捉えられます。どんな悩みも、一生同じ悩みが未来永劫辛いことが続くわけではありません。

「これぐらいできるはず」と出来ることが当たり前のように思っている経験者たち大人たちが多いです。わたしもそうでした。当たり前にできると思うから、出来ないことに苛立ちや憤りを感じてしまいます。しかし、よくよく考えてみると出来るのが当たり前という判断は自己の判断基準に過ぎず、出来ないことが当たり前なのかもしれません。例え多くは当たり前のようにできるかも知れませんが、出来ない人もいることを受け止め、受け入れる気持ちを持った上で、「できるためにどうするか」が大切だと思います。

子育てにおいても1歳になったら歩けるようになるのが当たり前と育児書で学んだ母親は、歩けないわが子を見て不安を感じたり、育児書通りに成長していかない子どもに憤りを感じたり、人や周りと比べて、苛立ちや不安から追い詰められていくこともあるかもしれません。

人の成長はココロもカラダもまったく同じ人はいません。それぞれ違ってあたりまえなのです。それが個性です。すべてはベストのタイミングでやってくる、素晴らしい才能だと思うのです。

今回の出版を通して伝えたかったことは〝行動すること〟です。チャレンジすることに一つもダメなこと、ムダなことはありません。それは自身の人生のためにすべて必要なことだからです。

そのためには他人軸ではなく自分軸で物事を考えることです。もしケーキが売れなかったら、不景気だからとか、お客さまやケーキを理由にするのではなく、どうしたら売れるのかを自分軸で考え行動することで可能性は生まれます。またダメでもダメだったということが分かった、そこで得た情報を生かしてまた新たな方法を考えるチャンスです。チャレンジはチャンスの可能性を増やします。

就職や何かを決めるとき、常に親のためという視点にいた私の気づきは、親になってよく分かりました。親の本質は、親の思い通りに生きることが親の幸せではないということ。子どもが幸せに生きることが親の幸せだと。

誰もが、人生を楽しく楽に生きていくための考え方を選ぶことができます。しあわせの選択は実は自分自身が出来るのです。周りも自分もよろこびの選択があるのです。引っ込み思案の私が、人前でマイクを持ち結婚式の司会やブライダル企業のマネジメント、そして大学の教壇に立つという人生を歩めたのも、やりたいと思ったことを口に出したことから始まります。応援者はどこにいるか分かりません。自分も応援者になれます。

これから社会人になる方、そして現在、社会人の方も自分がハッピーに楽になる考え方で、ぜひ、チャレンジし続けて下さい。必ず「そこにある道」があります。すべての出会いに感謝なのです。

最後に、さまざまな気づきを教えてくれた関西国際大学の教え子たち、この本の出版にあたり愛あるコメントをくださった私の人生の師である笑福亭鶴瓶さん、中村文昭さん、尾﨑里美さん、そして今回の出版のきっかけを作って下さったオータパブリケイションズ山下裕乃さんに心から感謝いたします。

出会いに感謝　　　　著者　石川夕起子

profile

石川夕起子（いしかわゆきこ）

神戸市出身。武蔵川女子短期大学教育学部初等教育科卒業後、㈱MC企画に所属。ラジオ番組DJ・CMナレーションなど声の仕事に従事。大島渚氏、竹村健一氏の講演会の司会などを勤め、披露宴司会をきっかけにウエディング業界に。業界歴30年越え、関わったカップルは4000組を超える。2000年 ワタベウェディング㈱三ノ宮店店長に就任、05年4月 池坊短期大学文化芸術学科非常勤講師（ブライダル）、12年10月 大阪学院大学非常勤講師（美容・フォトビジネス）、11年3月 関西国際大学人間科学部経営学科着任、18年3月 退任。18年4月 兵庫大学現代ビジネス学科 客員教授に就任、現在に至る。
FM GIG「サプリメントトーク」パーソナリティ、シャナナTV「おダイはのちほど」レギュラー出演。実体験からくる気づきと学びの人生論「喜笑天傑」セミナー、学校・PTA・社員教育・コミュニケーションスキル・イメージトレーニングなど講演、子育てセミナーなど。

次世代を動かす「感動スイッチ」《ジセダイヲウゴカス「カンドウスイッチ」》 －1秒で人は変わる－

第1刷発行　2018年8月8日

著者　石川夕起子

Book Design　flippers
表紙デザイン　Katsumi Sugihara

発行所　株式会社オータパブリケイションズ
〒104-0061　東京都中央区銀座4-10-16　シグマ銀座ファーストビル3F
TEL03-6226-2380　FAX03-6226-2381 info@ohtapub.co.jp
http://www.ohtapub.co.jp　http://www.hoteresonline.com/

印刷・製本　富士美術印刷㈱

ISBN 978-4-903721-72-9　C2034　定価はカバーに表示してあります。